中外教育名著导读书系

杜威教育名著导读

王凌皓　主编

王澍　樊华　编著

吉林文史出版社

图书在版编目（CIP）数据

杜威教育名著导读 / 王凌皓主编，王澍，樊华编著. ——
长春：吉林文史出版社，2015.12（2021.6 重印）
（中外教育名著导读书系 / 王凌皓主编）
ISBN 978-7-5472-1444-2

Ⅰ. ①杜… Ⅱ. ①王… ②王… ③樊… Ⅲ. ①杜威，
G. (1859~1952) - 教育思想 Ⅳ. ①G40-097.12

中国版本图书馆CIP数据核字(2013)第007679

杜威教育名著导读

DUWEIJIAOYUMINGZHUDAODU

主编/王凌皓

编著/王澍 樊华

责任编辑/高冰若

封面设计/李岩冰 李宝印

印装/三河市燕春印务有限公司

开本/720mm×1000mm 1/16

字数/170千字

印张/11

版次/2015年12月第1版 2021年6月第6次印刷

出版发行/吉林文史出版社（长春市福祉大路5788号）

书号/ISBN 978-7-5472-1444-2

定价/39.80元

目 录

导言　我们怎样解读杜威

对于中国从事教育工作的人来说，最有名的美国人就是约翰·杜威了。如果你从事教育工作却不知道约翰·杜威，那你一定是一个门外汉。然而我们真的了解杜威吗？打开互联网，翻阅各种期刊，我们能看到各种各样的关于约翰·杜威的文章，也能看到约翰·杜威大量的著作被翻译成中文，甚至不止一个中文版本。面对这些作品与研究杜威的文章，我们不得不思考一个问题，这就是我们了解的杜威吗？我们是不是柏拉图所说的那个"被缚的囚徒"？记得柏拉图曾经提出一个洞穴的隐喻，他说，有一些人从小就生活在一个地洞里，他们的脖子和腿脚都捆绑着，不能动，也不能扭头，眼睛只能看着洞穴的后壁。在他们背后有火光，在火光与他们之间有一道矮墙，另有一些人如同演木偶戏般高举各种石质、木质的人、兽玩偶沿矮墙穿行，囚徒们每天看着眼前洞壁上变换着的各种影像，他们把那些影像看作是真实的物体。他们天生如此活着，并不觉得悲哀。直到有一天，有一个人因为某种原因挣脱了绳索，他平生第一次扭转头，看到那些石质、木质的玩偶，也看到了火堆，刺眼的火光让他很痛苦，但是在看到那些形成影像的玩偶时，他仍然会认为这之前做囚徒时看到的洞壁影像是真实物，是唯一现实之物。他挣脱了枷锁，并且摸索出了洞口，他穿过陡峭的斜坡走到阳光下，经过长时间的适应之后，他学会了先看阴影，再看水中的倒影，然后看事物本身，之后仰望天空，"直接看到太阳本身，他看到了真相"。这才认识到太阳是热和光的真正来源。他第一次看到了真实的事物。对这背后的哲理，不同的人有不同的理解，其实我们的大自然比起鲜明的理性世界来说，是黑暗而单调的，而我们就在这自然洞穴之中傻坐。这些囚徒其实就是我们这些普通的人，这些沉湎于感性世界的芸芸众生。在今日，这洞穴就是我们的日常观念，它来源于互联网等媒体。可以想象，我们用以指导日常生活的行为的价值观有多少是通过它们形成的？社会习俗、传统价值、伦理道德其实都是把我们圈于其中的洞穴。我们每个人都处在各种各样的洞穴之中。柏拉图的《理想国》要做的就是把我们从日常观念的洞穴中拉出来，帮助人们认清自己是传统的或流行的价值观念的囚徒这一生活事实，帮助人们解脱精神枷锁，反思自己的生活，活得清楚明白。所以，我们要打破曾经束缚在我们身上的枷锁，看看杜威到底是怎么思考问题的，不要让一般的评论、庸俗的解释蒙蔽了我们的双眼，让我们通过阅读杜威的原著来理解杜威的思想吧，更重要的是我们要通过杜威的哲学和伦理学等思想来批判地理解杜威的教育思想。

一　杜威生活的时代

纵观美国历史，1861年-1865年的南北战争是美国历史上具有决定意义的重大事件。追溯杜威生活时代的社会背景，我们不得不追溯到这里，因为由于林肯政府在1862年实行了解放奴隶、推行《宅地法》等一系列革命性措施，南北战争自1862年下半年起发生了有利于北方工业资本主义的变化，其最终结局是资产阶级战胜了南部种植园奴隶主，从而排除了资本主义快速发展的最大内部障碍。这意味着杜威出生的时候（1859年），美国经济走上了迅速发展的崭新阶段。到了19世纪末期，也就是杜威的青年时期，美国开始了以电力革命和内燃机革命为标志的科学技术革命，在世界当时的最高水准上完成了近代工业化，赶上了德国和英国这些老牌资本主义国家，成为世界头号工业大国，完成了工业化和城市化进程。与此同时，自由资本主义发展为典型的现代化企业组织、托拉斯国家,出现了普尔、托拉斯、控股公司等现代化组织,进入了现代资本主义即垄断资本主义的发展阶段。整个说来,19世纪末20世纪初期是一个世纪之交的大转折时代,它开始了由自由竞争为主的时期向以垄断为主的时期的转变,由近代农业国到现代工业国的转变,由以农村为主的社会向以城市为主的社会的转变;由早期技术革命向近代新技术革命的转变,由自由放任到局部时期和部门国家干预的转变,以及由大陆扩张到开始海外扩张的转变。而1898年美西战争后的美国人民和进步人士开始了反对寡头统治、争取民主和进步与社会平等的斗争历史,这段历史也是现代资本主义的不断改革和调整的时期,这期间美国经历了两次世界大战,经历了1929年–1933年的经济大危机,资本主义制度在不断地调适之中发展着。

这就是影响杜威思想的美国社会大背景。这看似简单的背景却极大地影响了杜威的思想主张,在我们解读杜威思想的时候,我们会不断地关注这个时期美国社会的变革,我们会不断地反思一个伟大的思想家是如何对他生活的时代的变化进行回应的。

杜威是伟大的哲学家,而我们了解的杜威是伟大的教育家,所以了解了美国社会的大背景,我们还得了解一下杜威生活时代美国的教育传统和变革。

美国是个有宗教信仰传统的国家,1620年第一批来到北美大陆的移民是虔诚的清教徒,因此19世纪的美国社会是以宗教为中心的,到19世纪末逐渐转变为以世俗生活为中心的社会,大量的移民从欧洲等地来到北美大陆。美国人面临着新的挑战,即如何把大量的移民变成美国人呢?公立学校之父霍瑞斯·曼提出要把美国的学校变成公共教育机构,在为工业社会培养大量的合格劳动力的同时要把移民变成美国人,让他们接受美国人的价值观,以此巩固美国的立国之本,保证长治久安。因此在杜威生活的时代美国的教育开始了大变革。

19世纪末美国的学校是非常传统的,他们强调权威、纪律。由于受到宗教的影响，认为人有原罪，人的心灵和精神都是堕落的，所以学校教育充满了控制，儿童的哈哈大笑、舞蹈、游戏都被认为是人性邪恶的表现而遭到禁止。当时最流行的教育方法就是死记硬背。但是这时候美国的教育并不是一潭死水，美国的进步人士到欧洲去游学，把卢梭、裴斯泰洛齐等强调个性解放、重视现实生活、强调理性和知识的思想介绍到美国，为美国开启教育改革打下了思想的基础。而美国的教育变革被称为"进步教育"。"进步教育"(Progressive Education)是指产生于19世纪末并持续到20世纪50年代的美国的一种教育革新思潮，亦称"进步主义教育运动"。进步教育是作为进步主义运动的一部分发端的。进步主义运动是19世纪末在美国兴起的广泛的社会改良运动，旨在反对工业社会的政治经济弊病。进步主义者们力求同时改革教育和社会事务。他们揭露了公立学校中存在的各种严重问题，试图通过改革使学校教育适应美国社会的新的需要。进步教育理论源自卢梭、裴斯泰洛齐和福禄培尔等人的教育思想，并深受现代科学，尤其是生物科学和进化论的影响。更重要的是杜威的教育理论对进步教育运动产生了很大的影响。可以说，20世纪上半叶美国的教育变革与杜威的教育思想就编织在一起了。当时的进步主义教育运动中出现了大量的新型学校，这些新型学校重视体育，强调活动课程，认为兴趣是学生选择和完成作业的首要标准，重要的是这些新型学校被认为承担着向学生传授民主价值观与民主作风的义务。轰轰烈烈的进步主义教育运动在1929年-1933年经济危机的时候受到广泛的批评，在二战后进步主义教育改革由于疏于儿童的学业标准和对儿童的放任自流等原因彻底失败了，但是其中杜威等人的思想对全世界包括中国的教育改革都产生了重要的影响。

二 杜威的生平与教育活动

介绍了杜威生活的背景，再让我们了解一下杜威个人的生活。如果用互联网搜索一下杜威,我们就会发现,一般对杜威的介绍就是:"杜威(John Dewey,1859—1952)是美国著名的实用主义哲学家、教育家。"然后开始对其生平进行介绍。不过大多数介绍让人觉得枯燥无味,还是让我们把杜威的生活说得有意思一点,一个对世界教育都产生影响的教育家,在他的生平中总是有一些让人觉得很有意思的故事。

杜威出生在1859年10月20日。这不是普通的一年,因为进化论的提出者达尔文在这一年发表了他的著作《物种起源》。它以全新的进化思想推翻了神创论和物种不变论,把生物学建立在科学的基础上,提出震惊世界的论断:生命只有一个祖先,生物是从简单到复杂,从低级到高级逐渐发展而来的。它发表传播后,生物普遍进化的思想以及"物竞天择,适者生存"的进化论已为学术界、思想界公认为19世纪自然科学的三大发现之一。然而进化论的影响并没有仅仅停留在自然科学界,进化论的出现影响了人类的世界观,《物种起源》引申出的世界观是,世界已经发生了变化,这种变化不是日出而作日落而息的简单变化,而是真正的变化,不是重复的变化,是发生了质的变化。这种世界观与以往静止的世界观是完全不一样的。除了《物种起源》外,约翰·斯图亚特·穆勒的《论自由》和马克思的《政治经济学批判》也出版了,这些著作也同样影响了杜威以后的思想主张。这是杜威出生这一年的故事。

杜威出生的家庭是佛蒙特州伯林顿市郊的一个杂货商人家庭。这个家庭属于中产阶级。这里是新英格兰(New England)的佛蒙特(Vermont)州的伯林顿(Burlington),人民娴习于自治,崇尚自由,笃信民主制度,这些可以说是新英格兰殖民区的传统精神。新英格兰殖民区的精神对杜威思想的影响也是很明显的。新英格兰地区主要由自英格兰移民来的清教徒组成,他们的行为方式、文化生活和生活哲学都受卡尔文教义的巨大影响。在清教徒眼中,人皆是罪人,世界则是充满了罪恶和诱惑的地方,因此人活在世上就是要拯救自己的灵魂，同时他们还认为人是理性的动物，人能够认识自己的行为，对自己的行为负责。因此，他们坚持信仰与理性的和谐与统一，乐于接受科学知识，把科学知识作为信仰的补充与支撑。清教徒们强调勤俭持家、艰苦奋斗和工作不息的重要性，认为只有这样才能赎罪和拯救自己的灵魂。这样，清教徒们就把劳作和教育放在了至关重要的地位，认为通过教育和艰苦奋斗才能超越物质世界，使灵魂获得拯救。这种对知识的追求和对工作的重视正好适应了新英格兰地区经济生活的需要，在新英格兰的城镇中迅速形成了以商人和船主为主体的贵族阶层，他们与清教徒牧师结合起来，不断强化清教徒的价值观念，清教徒价值观念的广泛传播又反过来促进了经济的发展。这样，知识、信仰、财产和殖民政府在新英格兰有机地结合起来，为教育的发展提供了物质保障、制度保障和广泛的群众基础。因此这个地区孕育了美国民主的雏形，而杜威的代表作《民主主义与教育》要维护的就是这种自治的、促进阶层流动的民主。作为个体，没有办法选择自己的出生地，都会受到自己出生地文化的影响，杜威也不例外，他的思想主张深受其家乡文化的影响。

我们再说一说杜威从小到老的生活吧。

杜威小时候有点害羞，天资并不聪慧，但是，却好学深思，手不释卷，喜爱阅读，是大家所公认的一位书虫。他十五岁从伯林顿当地的中学毕业。杜威的基础教育生涯是在传统社会迅速变革的时代中度过的。他所接受的教育是传统的，这使得杜威对传统的教育十分反感，他认为传统教育的课程内容一成不变，教学方法依赖于学生的死记硬背，导致学生消极被动地接受知识。因为家离佛蒙特大学很近，加之父母的鼓励，杜威进入佛蒙特大学就读，在1879年完成学业。杜威求学的经历可以说受益于他的母亲，杜威的母亲叫卢西娜·杜威。杜威母亲的家族中有许多人接受过大学教育，因此她也决心把她的孩子们培养成杜威家族的第一批大学生，因此为了弥补杜威在中学时教育课程内容的不足,她让孩子们广泛阅读,而且,在1875年的时候让杜威进入佛蒙特大学就读。

杜威在佛蒙特大学就读的时候修读希腊文及拉丁文、西洋古代史、解析几何及微积分。第三年开始涉猎自然科学的课程,包括地质学、动物学、进化理论,他尤其从当时英国生物学家赫胥黎(T.H.Huxley1825-1895)的生理学教本中,获得不少的启示,特别是关于进化的理论、生物与环境的理论,都使他得到了不少心智上的启发。在大学课程的第四年,他才更为广泛地接触到人类智慧的领域,政治经济学、法律、历史、心理学、伦理学、宗教哲学、逻辑学等方面的内容都让杜威着迷。佛蒙特大学的不同凡响之处在于"那里的哲学家们是19世纪里较早从康德以及德国的后康德哲学中寻找灵感的一群人。至19世纪末,美国的学术哲学已有了明显的德国风格,但在内战之前,美国的哲学教学以苏格兰'常识的'现实主义为主。这一流派摒弃洛克认识论的现象主义,因其已被大卫·休谟尖刻的怀疑论逼入绝境,当时的美国哲学仍然坚持着英国的经验主义传统,但詹姆斯·马什……注意用传统的神学术语描述理性世界,因此避免了康科德派先验主义者激进泛神论"[1]。这种对康德的批判式研究为杜威研习哲学打下了基础。

1879年,杜威从佛蒙特大学毕业后,在中学当了三年中学教师。1882年的秋天,杜威向约翰·霍普金斯大学(The Johns Hopkins)申请奖学金,先后两次被拒,于是经由他大学时的泰锐教授以及哈锐士的鼓励,向他的姑姑借了500元美金,开始了以哲学为主的研习生涯。当时约翰·霍普金斯大学校长吉尔曼(Gilman)聘请了不少哲学上卓有成就的学者,他本人对每一位研究生的学习都寄予关切,时时给予指导,而且上课时采取讨论的方法,富于思辨的气息,注重自由思考的精神,不受传统思想的约束,举行公开的辩论,凡此种种,使杜威

---

[1]　罗伯特·维斯布鲁克著.杜威与美国民主[M].北京:北京大学出版社,2010.6-7.

有发展哲学见解的机会与环境。在杜威完成其博士学位后，吉尔曼曾亲自在办公室召见杜威，加以鼓励，鼓励杜威多多参与哲学探讨。

此后，杜威在密西根大学（The University of Michigan）担任哲学讲师。在教学期间，有一位以前曾在约翰·霍普金斯大学教过杜威半年的毛尔斯（G.S.Morris）教授让出房子给杜威夫妇居住。杜威为了感念这位恩师，把他后来所生第三个儿子取名为毛尔斯。这个孩子聪颖过人，是杜威六个子女之中最具天赋的一个，不幸却因病夭折。丧子之痛对杜威夫妇的打击很重。

1894年，杜威出任芝加哥大学的哲学、心理学、教育系主任。在这里，他跟他的妻子创立了闻名遐迩的实验小学，并从心理发展的相关理论，来勾画出教育的各项理论。1904年，因为实验学校的归并问题产生意见分歧，杜威辞职离去。他离开芝加哥大学时，不知何去何从。他写信给当时心理学界权威詹姆士（William James），叙述事情发生的经过，并希望获得一个教学的位置。经由詹姆士及杜威老友卡特尔（J.Mckeenl Cattel）在哥伦比亚大学的协助，为他在哥伦比亚大学师范学院谋得一职。

在哥伦比亚大学担任教职，是杜威的教学生涯中最长的一段时期，其间由于接触外籍学生的缘故，使他的教育思想影响到世界各地。尾野教授曾在美留学，受教于杜威，获得博士学位后返回日本，担任东京帝国大学教授，促成了1918年杜威在日本东京帝国大学的讲学。我国学人蒋梦麟先生也曾在美国受教于杜威，就近邀请杜威于日本讲学完毕之后来华讲学。1919年，杜威曾先后在北京、南京、杭州、上海、广州等地讲学，由胡适先生担任讲学的翻译，把民主与科学的思想直接播种在中国。1928年，杜威曾经去了苏联；后到过土耳其，协助土耳其教育改革；又到过南非、墨西哥等地。杜威在哥伦比亚大学任教26年才退休。但是杜威的退休并不意味着他从社会生活领域中退出。1931年，杜威主持了哈佛大学首届威廉·詹姆士讲座，后来作为他在美学方面的研究成果，即《作为经验的艺术》(也被译为《艺术即经验》)(1934年,收录在《杜威晚期著作集》第10卷)。杜威晚期的著作主要是哲学和政治方面的著作,较少涉猎教育方面。1952年6月1日,杜威因肺炎在纽约去世。

美国南伊利诺斯大学的"杜威研究中心"出版了杜威论著全集,共40卷。我国的华东师范大学出版社也组织力量翻译了杜威全集。杜威一生写了36本专著,800多篇论文。他的主要著作有:《伦理论》(1908年,与塔夫茨合著)、《教育上的道德原理》(1909年)、《我们怎样思维》(1910年)、《教育上的兴趣与努力》(1913年)、《明日之学校》(1915年,与女儿伊夫林·杜威合著)、《民主主义与教育》(1916年)、《人性与行为》(1922年)、《经验与自然》(1925年)、《确定性的追求》(1929年)。1930年杜威退休后继续从事理论研究。先后发表了《哲学与文明》(1931年)、《艺术即经验》(1934年)、《经验与教育》(1938年)、《自由与文化》(1939年)、《人的问题》(1946年)、《〈教育资源的使用〉一书引言》(1952年)。其中,1916年出版的《民主主义与教育》是他的教育理论代表作。

三　杜威教育思想的影响

约翰·杜威不仅是一位伟大的教育学家,更是伟大的哲学家。在美国,杜威的哲学地位很高,以至于美国人如此评价杜威:"杜威如此忠实于自己的哲学信念,因而他成为美国人民的领路人、导师和良心。可以毫不夸张地说,整整一代人都是因杜威而得以启蒙的。"[1]从教育学的角度讲,杜威是西方现代教育派的理论代表。他对传统教育的整个理论体系进行挑战,奠定了现代教育的理论大厦的基石。他的《民主主义与教育》使美国教育由赫尔巴特主义转入杜威主义,并影响到其他国家。尤其是20世纪50年代以前,他的理论对美国教

---

[1]　简·杜威等著.杜威传[M].合肥:安徽教育出版社,2009.57.

育界具有极其深远的影响。在1919年—1928年间，他曾先后到日本、中国、土耳其、墨西哥和苏联讲学、考察教育状况。他的许多教育著作被翻译成35种文字广为流传，对世界教育界产生深刻的影响。可以说，杜威是20世纪最重要的教育哲学家之一。

1919年，杜威应邀到日本东京帝国大学讲学。他的讲演稿后以《哲学的改造》为名出版。之后，杜威的思想在日本逐渐流传开来。第二次世界大战以后，美国教育代表团进驻日本，对日本教育进行美国化的改造。就教育思想而言，杜威的影响显然是首当其冲的。

杜威对欧洲新教育运动的影响更是无孔不入。可以说，英、法、德等主要国家新教育家的思想莫不与杜威息息相关。

杜威与中国的关系也甚为密切。1917年—1921年，他在中国讲学两年余，到过11个省市。其主要讲稿曾编成《杜威在华演讲集》(1919年)、《杜威五大讲演》(1920年)出版。他的思想在当时中国教育改革中影响巨大。胡适曾在《杜威先生与中国》一文中指出："自从中国与西洋文化接触以来，没有一个外国学者在中国思想界的影响有杜威这样大。"陶行知先生在吸收杜威思想的基础上形成了自己的教育观，并在许多城市开展教育实验。而后来的思想家在研究杜威的时候，也都把杜威和中国的思想联系起来。英国著名哲学家怀特海说过，如果你想了解孔子，去读杜威，如果你想了解杜威，去读孔子，在怀特海看来，杜威和孔子都是经验主义者。或者在我们中国人的文化背景中，我们依然可以找到与杜威对话的共同点。

总的来讲，杜威被认为是现代教育派的开山鼻祖，尤其是他创立的与传统教育相对立的教育理论，必然会有许多符合时代需要的新思想。这些思想产生的根本原因是时代的需要。19世纪初，教学上混乱无序，需要有人建立有章可循的教育学，赫尔巴特承担并完成了这一历史使命。20世纪初工业的飞速发展，需要动手能力强、有创造力的实干家和工人。机械、呆板、以纯粹知识为主的传统教学显然已经落伍,在这种背景下,杜威发起了新的冲击。他对教育的新界说、目的论、课程论、教学方法论、德育论等都包含了许多精辟的观点,谱写了世界教育理论新篇章,开创了世界教育史的新时代。因此,西方有的学者认为,美国未来的思想,必定会超越杜威。但是,很难想象在他的思想发展中会绕过杜威。

我们知道,杜威身处资本主义繁荣时期,资产阶级在政治上已完全成熟。杜威在一个表面上标榜民主自由的社会里,既看到社会进步的一面,也接触到不良的一面。他追求一个更进步的社会;但作为一个资产阶级学者,他没有背叛本阶级的立场,试图以缓和手段——教育改良社会。在杜威眼里,美国社会是与专制相对立的民主社会,虽有缺点,但革命无疑是不必的,而且以暴制暴,也非他所赞赏的良策。暴力确实能砸烂一个旧世界,但不能借此建立新世界。况且,革命之后,要进入真正的民主社会,还得使用缓和的手段,正如泰雷兰所言:一个政府能用刺刀做许多事情,但不能坐在刺刀上。因此,唯有教育才是社会进步的可靠手段。他试图通过教育的改良进入一个更为民主、平等、进步的"民主主义"社会。

毋庸讳言,杜威的教育思想中存在一些不妥之处。究其原因,从主观上讲,当然是因为他缺乏科学的世界观和方法论。从客观上看,在教育科学领域中跋涉犹如在浩瀚的海洋上航行,迷失方向是非常正常的。

四　解读杜威教育名著的方法

约翰·杜威是20世纪最伟大的教育思想家之一,在世界教育发展史上,杜威是里程碑式的人物,他对全世界的教育都有着重要的影响。然而杜威为我们留下的教育遗产是不是被我们真正理解了呢？即使杜威在世时候，人们是不是能真正理解杜威呢？那些支持杜威的人从杜威的著作中寻求资源支持，那些反对杜威的人也从杜威的著作中寻求帮助。杜威说过，那些没有从背景批评他的盲目信奉者不可能理解他们所相信的，也不能控制他们所实践的，另一方面，有些人以文明的名义进行恶意的破坏。我们应该怎样理解杜威呢？我们理解杜威的钥匙是"思想的前提批判与反思"。思想有两个维度，一个是构成思想的维度，一个是构成思想的前提，我们认识任何一种思想都应该从这两个方面入手。所谓的构成思想是"以某种具体的方式去形成某种认知的、价值的、审美的关于存在的思想，并把这种思想作为某种目的性要求，以实践活动的方式获得某种形式的现实性"[1]。思想的前提就是"思想过程自己的根据和原则，也就是思想过程自己的逻辑支点"[2]。思想前提具有隐匿性和强制性的特征，他像一只看不见的手，但是直接规定着人们想什么和不想什么，怎么想和不怎么想，做什么和不做什么，怎么做和不怎么做。因此，我们对构成思想的前提批判和反思才是更加有利的，才能促进思想的进步，破除前提的强制性，从而实现思想的逻辑层次的跃迁。

认识杜威，必须从杜威思想的前提出发，杜威的教育思想是以他的民主主义政治观、经验主义哲学和官能主义心理学为基础的，在这三大支柱的基础上，他建立了庞大的教育思想体系。这三大基础规定了杜威具有怎样的教育观点。一般情况下，我们经常了解的是杜威说了些什么，但是我们不仅要了解杜威说了些什么，更要知道杜威为什么如此说。杜威不仅仅是一个教育家，在他教育家身份背后，他还是一个哲学家和心理学家，因此我们理解杜威的时候要把他的观点加以立体的理解，防止片面地把杜威的思想简化成"教育即生活、

---

[1] 孙正聿著.马克思辩证法理论的当代反思[M].北京：人民出版社，2002.111.

[2] 孙正聿著.马克思辩证法理论的当代反思[M].北京：人民出版社，2002.118.

教育即生长、教育即经验的改组和改造""儿童中心论"这样简单的口号，我们要从他的哲学观入手，分析其教育主张，让杜威的思想变得立体，让我们既知其然，又知其所以然。

第一篇　人类的生存与教育

　　哲学是关于"类存在"的学问,哲学是在"类"的意义上思考问题的。所以我们了解杜威的教育思想不得不从人类存在的角度来思考一下,为什么我们人类需要教育呢?

　　哲学是世界观,杜威提出的世界观是什么样子的? 柏拉图把世界分为可见世界和可知世界,我们把这种观点称为二元论的,而杜威的世界观与以往是不同的,是一元论的。杜威反对理论与实践、经验与理性、知识与行动的二元对立。杜威认为,我们的世界每天都在发生巨大的变化,我们无法以不变应万变的态度来应对,我们应对世界的方法只有一个,就是"探究",就像科学家在实验室里解决难题一样,我们必须不断地反思,不断地进行探究,才能把握住这个世界。而对这个世界的把握,离不开教育。杜威认为,伟大的哲学家大都关注教育问题,教育和哲学之间存在着重要的必要的关系。从哲学发展史看,哲学越来越关注人间的美好生活,"如果哲学是智慧——一种对于'更加美好生活'的憧憬——那么,哲学家的实践,在广义上来看,就是受到有意识的引导的教育"[1]。哲学并不是无法证明的冥思苦想,哲学是充满活力的,要想实现哲学的活力,就要按照哲学本身来生活,而学校教育中汇聚了年轻人,他们的思想还有待形成,学校是实现哲学主张的重要场所。

---

[1]　罗伯特·威斯布鲁克著.王红欣译.杜威与美国民主[M].北京: 北京大学出版社, 2010.175.

第一章　人类安全感的获得与教育

一　人类需要安全感

在远古时代，人类首先要面对变幻莫测的大自然，自然对人类来说是充满着危险的，在充满危险的环境中，人如何实现安身立命呢？人类太需要安全感了，而安全感的获得就需要处理好与自然的关系。随着人类生产力的发展，在人与自然的关系上，人类的观念发生了变化，把自己和大自然分离开来，即人类不再是自然的一部分，人类把自然当成是自然物，当成是自己认识和改造的对象。人类可以通过顺从自然获得安全感，例如进行祭祀，一方面牺牲牛羊，一方面表示人的虔敬。人类也可以通过控制自然获得安全感，一种控制方式是改变自然、征服自然，另一种方式是改变人对自然的观念。我们经常可以在电影和电视里看到很多的巫师，那些古代的巫师们一心想"扩张自身的权威，获取并提高他们的经济保障"，他们发现，"最有效的策略就是在普通人的信念上做文章"，他们"利用普通人的不安全感"，进而决定从事这样一种知识活动：论证人身边的一切事务确实都被危险包围，然后扬言按照他们设计的方法便可以化险为夷。于是在这些巫师的带领下，人们开始了对祖先、鬼神等的祭拜仪式，他们就是以这种方式祈祷获得安全感。当然巫师们从事祭祀这些活动的动机只是后来人的推测，具体是什么今天的人不得而知，但是无论如何可以确定的是，巫师的活动帮助人们获得精神上的安全感。人类最开始的精神活动开始了，演变到后来就逐渐形成了哲学，而传统哲学都是崇拜思辨和理论的，这种崇拜是人类回避风险和寻求安全的表现。在封建社会，人们奉行的思想是劳心者治人，劳力者治于人，因此理论知识高高在上，实践者受到轻视，产生这样思想的根本原因就在于人类依照此种想法获得了安全感。但是杜威推翻了这种安全感获得的方式，理论的思辨表面上看比祭祀和祈祷高级一些，但是其效果是一样的。因此，杜威作为转型期的伟大哲学家，开始挑战这种知行观。杜威虽然是个哲学家、心理学家、教育学家，但是他深受当时科技革命的影响。杜威的女儿简·杜威是物理学家，曾经在波尔领导下工作过一段时期，杜威本人曾经去哥本哈根理论物理研究所看望他的女儿，简·杜威告诉她的父亲该所所进行的研究和讨论，可以说，杜威的哲学是与当时的科学思维密切联系在一起的。所以，在现代社会，杜威认为"知"本身就是以"行"作为核心的，他关心的不仅仅在于自然科学革命带给人们的世界观震撼，而是关心实践在人类的认识过程和评价领域中的重要意义。这意味着，以往通过"认知"获得安全感的方式是不可靠的，面对变化的世界，我们需要变换自己应对的方式。

（一）安全感对人类的重要性

人类作为这个世界上最有智慧的高等生物，在与世界打交道的过程中，安全是十分重要的，安全是人类活动的保障，而安全感则是一种信心，相信在未来的活动中不会遭受侵害。杜威在《确定性寻求》中分析了安全感的重要性。

人生活在危险的世界之中，便不得不寻求安全。人寻求安全有两种途径。一种途径是在开始时试图同他四周决定着他的命运的各种力量进行和解。这种和解的方式有祈祷、献祭、利益和亚祀等。不久，这些拙劣的方法大部分就被废替了。于是人们认为，奉献一颗忏悔的心灵较之奉献牛羊更能取悦于神旨；虔诚与忠实的内心态度较之外表礼仪更为适合于神意。人若不能征服命运,他就只能心甘情愿地和命运联合起来;人即使在极端悲苦中若能顺从于这些支配命运的力量,他就能避免失败,并可在毁灭中获得胜利。

另一种途径就是发明许多艺术,通过它们来利用自然的力量;人就从威胁着他的那些条件和力量本身中构成了一座堡垒。他建筑房屋、缝织衣裳、利用火烧,不使危害,并养成共同生活的复杂艺术。这就是通过行动改变世界的方法,而另一种则是在感情和观念上改变自我的方法。人们感觉到这种行动的方法使人倨傲不驯、甚至蔑视神力,认为这是危险的,这就说明了为什么人类很少利用控制自然的方法来控制自己。[1]

在今天的生活中,安全感同样也是重要的。日常生活中我们总能看到类似的电视剧情节,呈现出的是一些原始的、象征性的仪式、信念和操作。假如憎恨一个人,就想杀掉他或者让他不得好死,于是就请那些巫师用布或者稻草扎一个人,上面写上他的名字,然后用针扎这个假人,用刀割他的"肉",挖他的"心",嘴里念念有词,说"你要大病一场,不久将身患绝症死亡"。中国古代把这种现象称为巫蛊。虽然是荒谬的,但是很有市场,相信这种迷信的人,通过这样的仪式及操作,他就可以在想象中将别人杀死,以获得心理上的极大满足。可见,安全感是一个人能安心生活的重要因素。安全感作为来自我们内心的一种感受时刻都影响着我们的日常生活。因此,我们总是要寻求安全感,有人通过交往很多的朋友来获得安全感,有些人通过拥有很多的房屋来保障安全感,有些人积极地获得他人的认同来谋取安全感,然而,如果他所依赖的这些东西都发生变化使得安全感消失了,怎么办呢? 人类在寻找安全感的路途上找到了很多的途径。而哲学就是人类获得寻求安身立命之本的学问,哲学就是人类寻求安全感的一个重要途径。

---

[1] 杜威著,傅统先译.确定性寻求[M].上海:上海人民出版社,2004.1-2.

（二）传统哲学的弊端

杜威认为，传统哲学的诞生也是人们寻求安全感的方式。不同的是，哲学"不在借助礼仪和祭祀来求得解脱，而是通过理性求得解脱。这种解脱是一种理智上的、理论上的事情，构成它的那种事情是离开实践活动而获得的"[1]。传统哲学之所以轻视实践就是为了获得所谓的安全感，但是这种哲学本身是存在缺陷的。

哲学家们推崇过改变个人观念的方法，而宗教导师们则推崇改变内心感情的方法。这些改变的方法都由于它们本身的价值而为人们所赞扬过，偶然地也由于它们在行动上所产生的变化而受到过赞扬。而后者之所以受到尊崇，是因为它证明了思想和情操上的变化，而不是因为它是转变人生境况的方法。利用艺术产生实际客观变化的地位是低下的，而与艺术相联系的活动也是卑贱的。人们由于轻视物质这个观念而连带地轻视艺术。人们认为"精神"这个观念具有光荣的形式，因而也认为人们改变内心的态度是光荣的。[2]

由于这种过分强调人的"精神"的作用，导致哲学重视认知，轻视实践，以至于人们也轻视所有与实践有关的活动，对一切与实践相联系的事物都鄙视。

轻视实践便具有了一种哲学上的、本体论上的理由了。实践动作，不同于自我旋转的理性的自我活动，是属于有生有灭的境界的，在价值上是低贱于"实有"的。从

---

[1] 杜威著，傅统先译.确定性寻求[M].上海：上海人民出版社，2004.15.

[2] 杜威著，傅统先译.确定性寻求[M].上海：上海人民出版社，2004.2.

形式上讲来，绝对确定性的寻求已经达到了它的目标。因为最后的实有或实在是固定的、持续的、不容许有变异的，所以它是可以用理性的直觉去把握的，可以用理性的（即普遍的和必然的）来证明显示出来的。我并不怀疑，在哲学发生之前人们就曾有过一种感觉，认为固定不变的东西和绝对确定的东西就是一回事儿，变化是产生我们的一切不确定性和灾难的根源。不过这个不成熟的感觉在哲学中形成了明确的公式。人们是根据像几何和逻辑的结论那样证明为必然的东西来肯定这种感觉的。因此，哲学对普遍的、不变的和永恒的东西的既有倾向便被固定下来了。它始终成为全部古典哲学传统的共有财富。[1]

这种哲学观已经不适应社会的发展了，传统哲学重视的是"知"，而现代社会中"行"才是最为重要的。传统的哲学由于过分重视认识轻视实践而存在缺陷与弊端。杜威的学生、我国著名的人民教育家陶行知先生以前的名字是"陶知行"，就是由于受到杜威思想的影响把名字改为"陶行知"。世界已经发生了很大的变化，这种变化使得传统哲学显得跟不上时代的潮流发展了。那种寻求永恒性普遍性的哲学已经不能适应今天的生活，杜威作为一个伟大的哲学家，洞悉了这种发展变化，力图改造哲学。而影响杜威对哲学进行改造的主要因素是当时科学技术的发展对人类生活的影响，尤其是科学技术的思维对人类思考问题方式的影响。

在实验的方法兴起以前，变化简直就是一种不可避免的祸患；这个现象存在的世界，即这个变化的世界，虽然和不变化的东西比较起来是一个低下的领域，但总是存在在那儿；人们在实际上势必要按照它所发生的那个样子来接受它。聪明的人若能得天独厚，就会尽可能地不和这些变化的事物发生关系，离开它们，转向理性的

---

[1]　杜威著，傅统先译.确定性寻求[M].上海：上海人民出版社，2004.17.

领域。受自然支配的定性形式和完备目的是不受人类所控制的，当人们欣赏它的时候，它们就是可喜的；但是从人类的目的来看，自然就是命运，而命运是与艺术相反的。偶然发生的善，是受人欢迎的。然而只有当人类认知变化过程之间的关系，从而管理着这些变化过程时，他才能够使得善安全存在。很多的人都哀叹这种废弃明确目的的固定趋向的情况，似乎是破坏了自然的灵性，但是事实上，这是引申出新的目的并使得这些目的有通过有意的活动而得到实现之可能的先决条件。如果对象不是自然的固定目标，并没有内在的既定形式，那么这些对象就会获得新的性质，成为为新的目的服务的手段。[1]

科学的目的不在于界说常住不变的对象，而在于发现变化之间的恒常关系。他所注意的是事情变化过程的结构而不是最后的目的，知识所涉及的是当前的事变而不是最后的事因，所以知识是要探索我们的生活世界。我们所经验的世界，而不是企图通过理智逃避到一个高级的境界之中去。实验知识是一种行动的方式，而且像一切行动一样，是发生在一定的时间、一定的空间和在一定的条件下，与一定问题联系着的。[2]

科学为我们人类面对变化着的世界提供了新的思维方式，杜威从科学那里提出了应对变化世界的方式，就是"探究"。美国著名哲学家理查德罗蒂曾说过，20世纪有三个伟大的哲学家，他们是维特根斯坦、海德格尔和杜威。杜威的伟大之处就在于他扭转了哲学的方向。他把人们对安全感的获得方式引向了新的发展方向，这个方向就是行动。如果按照传统哲学走形而上的路线的话，难以产生新的知识，所以杜威所提出的哲学路线是：理论与实践必须结合。

───────────

[1] 杜威著，傅统先译.确定性寻求[M].上海：上海人民出版社，2004.99-100.
[2] 杜威著，傅统先译.确定性寻求[M].上海：上海人民出版社，2004.100.

二 安全感的获得需要求助自然科学的思维

杜威认为，要想获得安全感，运用理性的方法求助于思想是不恰当的选择，而是要求助于实践。杜威在《哲学的改造》中论述了哲学的演变历程。杜威认为，我们的世界已经发生了很大的改变，杜威在分析这些改变中提出了自己的哲学主张。从这个角度讲，杜威的方法论是历史唯物主义的，因为他在人类物质生产方式的变化中分析了他所谓的正统哲学的诞生。

变化的这种凑合是16世纪与17世纪中新接触的特色。风俗及传统的信仰的冲突扫除了心灵的惰性和笃缓，激起了活跃的对于不同的新的观念之好奇心。旅行的探察的实际冒险行为把人心对于未认识的事物之恐怖洗涤掉：地理上的商业上的新领域开发的时候，人心也同时开发。……对于旧信仰旧方法之保守性的遵循，每遇新地方的新航行和外人风俗的新报告，总受一番稳进的磨损。人心习于探险与发展。它对于新的非常的事物之披露起了乐意和兴味，对于就得惯见的再不这样了。并且，就是探险、远征、进入退方的有经验的冒险这些事情本身，已经使人们产生一种特别的高兴和激动。[1]

从杜威的论述中，我们可以体会到他身上的乐观主义精神和对新世界的冒险精神。在哲学发展的过程中，杜威发现了新思想产生四种动力。第一个是兴趣的转向，即人们的兴趣已经转移到变化、特殊而具体的东西上来了，从对神秘主义的关注转移到对自然科学与自然活动上来了。第二个是制度权威与阶级差别的削弱，经验是好是坏的标准并不是经验高贵的起源，而是经验在现实中所产生的好坏结果。第三个就是人们对未来的看法发生了变化，人们不再认为未来是可怕的，而是认为是未来支配着人们的想象，到处都有可能激起人们的勇

---

[1] 杜威著，胡适等译.哲学的改造[M].合肥：安徽教育出版社，2006.23.

气和冒险的精神。第四个就是自然科学所进行的实验研究，引起了人们的方法论变革。在这四个因素中，杜威尤其注意到的是科学对哲学改造的影响。杜威认为，哲学家曾经信赖的世界是一个封闭的世界，即内部包含有无限数量的固定形态，外部则有明确边界的世界；而现代科学的世界是一个开放的世界：内部结构变化不定，外部则超越任何指定的边界。以前人们普遍认为宇宙是绝对封闭的，地球处于它的中心，万物都围绕着地球转；而科学的发展证明是"太阳中心说"，不是"地球中心说"，是万物围绕着太阳转，而非与此相反。古代哲学家都把世界看成是固定的、静止长存的，即使有运动，也只是在一定范围内的变化，发展仅是一个物种的一个特殊成员内部发生变化的过程。而现代科学的发展、演变意味着新形式的起源，从旧物种中的变异。这样，从哲学上就实现了从有限到无限，从静止、永恒到运动、变化的转变。

　　科学现在所献与我们的，不是一个封闭的宇宙，而是在空间时间上无穷的，在那一地点，在那一头都没有止境的，内部结构无限复杂的一个宇宙。所以这宇宙也是一个开放的世界，一个无限的斑驳陆离的世界；这一世界，从旧观点说，几乎不能称为世界──它是这样多重，这样旷远，使人们不能用任何一个公式去综合而领会它。并且，现在为"实在性"之尺度的不是固定，而是变化；变化是无所不在的。近世科学者所感兴趣的定律是关于运动的，关于出生与结果的定律。在上古人说种类、要素的场合，他说定律，因为他所求的是各种变化的相互联系，是侦测与此种变化相应而起的彼种变化之能事。他不去想对于在变化内仍旧不变的某种东西下定义并立界限。他想去叙写变化的一个不变的秩序。虽是两句话都含着"不变"这个词，但这词的意义是这样的。在前例，所说的是对事物的或形上学的存在方面不变的东西；在后例，所说的是对功能或作用方面不变的东西。前者是一种独立存在事物，后者是叙写并推算相互依倚的变化公式之一。[1]

───────────────────

[1] 杜威著，胡适等译.哲学的改造[M].合肥：安徽教育出版社，2006.34─35.

　　杜威生活的时代，人类的自然科学知识积累已经达到了一定的程度，自然科学已经不仅仅停留在理论的高度了，而是走进了人类的日常生活，人类的很多技术都是建立在近代以来的自然科学理论的基础上，这些技术带给了人类生活的巨大变化，而杜威也深刻地认识到了这种变化，他对当时自然科学的进步给予了无限的关注，并关注到了这些自然科学发现带给人们的世界观变化。"新科学的一个重点是：大地为宇宙中心之说受了打破。'固定的中心'观念一去，'封闭的宇宙'及'圈定的天体边界'的观念也随之而去。"[1] "科学的发展的圆环将要补满了，而哲学的改造也搞成功了。"[2]这就是杜威对科学寄予的希望。

　　由于16世纪和17世纪开始的科学革命，人们改变了认知事物的方法。伴随而来的是人类对于自然事物及其相互作用的态度也发生了一场革命。这是一件中心的和突出的事实。我们在前面已经说过，这种转变一反关于知行关系的传统思想。科学由于采用了各种工具和各种有指导的实践行为而前进了，而从此所获得知识便成为发展艺术的手段，使自然进一步现实地和潜能地为人类的目的和价值服务。[3]

　　杜威特别推崇实验的思维。

　　这种实验探究表现出三个突出的特征。第一个特征是一个明显的特征，即一切实验都包括有外表的行为，明确地改变环境或改变我们与环境的关系。第二，实验并不是一种杂乱无章的活动，而是在观念指导之下的活动，而这些观念要符合于引起积极探究活动的问题所需要的条件。第三个特征是最后的一个特征，它使得前两个特点具有完全的意义。这个特点就是在指导下的活动所得到的结果构成了一个新的经验情境，而这些情境中对象之间彼此产生了不同的关系，并且在指导下从事活动的

[1]　杜威著, 胡适等译.哲学的改造[M].合肥: 安徽教育出版社, 2006.37.
[2]　杜威著, 胡适等译.哲学的改造[M].合肥: 安徽教育出版社, 2006.42.
[3]　杜威著, 傅统先译.确定性寻求[M].上海: 上海人民出版社, 2004.82.

后果形成了具有被认知的特性的对象。[1]

在应对变化世界的问题上，杜威找到了恰当的思维方式，即来自自然科学的实验思维，杜威也称之为反省思维。

三　以反省思维应对变化的世界

既然世界是变化的，这种变化是人类难以应付的，在认识世界的时候以反省思维探究世界就是必然的方法论了。杜威所说的反省思维就是实验思维。杜威在很多著作中反复论证了他的反省思维，反省思维是杜威重要的理论贡献。总体来说反省思维包括五个阶段：困惑、问题、假设、推理和检验。

现在，我们已经掌握资料用以分析反省思维的全部活动。在前一章，我们看到每个思维的两个极限，即：思维开始于困惑的、困难的或混乱的情境；思维的结尾是清晰的、一致的、确定的情境。第一种情境可。后一种情境中，怀疑消除了；这是反省后的情境，它的结果是控制直接经验、获得满足和愉快。反省思维就是在两种情境之中进行的。

1.反省思维的五个阶段或五个方面

地位处在两种情境之间，有如下的几种状态，它们是：(1) 暗示，在暗示中，心智寻找可能的解决办法；(2) 使感觉到的 (直接经验到的) 疑难或困惑理智化，成为有待解决的难题和必须寻求答案的问题；(3) 以一个接一个的暗示作为导向意见，或称假设，在收集事实资料中开始并指导观察及其他工作；(4) 对一种概念或假设从

────────
[1]　杜威著，傅统先译.确定性寻求[M].上海：上海人民出版社，2004.83－84.

理智上加以认真的推敲 (推理是推论的一部分, 而不是推论的全部) ; (5) 通过外显的或现象的行动来检验假设。

2.第一阶段: 暗示

一个人做事要持续地做, 以取得进展, 这是很"自然"的事情; 这也就是说, 行动要明显、公开。令人不知和困惑的情境暂时阻止了这种直接的行动。然而继续行动的倾向依然存在。它改变方式, 采取观念或暗示的形式。当我们发现自己"陷入绝境"时, 关于怎样做的观念就代替了直接的行动。这种替代性的、预期的行动方式, 是一种戏剧的彩排。如果只存在一种暗示, 我们无疑马上就接受了这种暗示。但是, 若有两种或者更多的暗示, 它们彼此互相冲突、形成含糊不定的状态, 就需要进行更深一步的探究。方才举的例子中, 第一个暗示是跳过沟去, 但是种种感知到的情况抑制了那个暗示, 转而引出别的观念。

某些直接行动的抑制, 必然会形成犹豫和拖延的状态, 这对思想来说也是必要的。思维好像是行动转向到自身方面, 检查它们自己的目的、情境、资源和阻力、困难和障碍等。

3.第二阶段: 理智化

我们已经指出过, 就思维而言, 认为它起于现成的问题, 起于凭空捏造的问题或起因于真空之中, 这种看法是虚假的。实际上, 这种所谓的"问题"只不过是一种指定的作业。本来就没有一种情境在起初同问题一齐出现。然而, 也没有任何问题是能够离开情境而自行提出的。当出现困难的、困惑的、难堪的情境时, 困难究竟在哪里? 它似乎遍及整个情境之中, 整个情境都受其影响。如果我们知道困难是什么、困难在哪里, 那么, 反省思维便比较容易进行了, 俗话说得好, 题目出得规范, 答案有了一半。事实上, 我们知道, 问题恰好与寻求答案同时发生的, 问题和答案完全在同一时间呈现出来。在这之前，我们对问题的理解或多或少是含糊不清、没有把握的。

一种暗示行不通时，我们就要重新检查我们面对的种种情境。我们感到忧虑不安，心理活动失常，在观察情境和对象的基础上，渐渐地有了某种程度的固定化的问题。单是那条小沟，并不构成什么困难，小沟的宽度和沟对岸的滑溜才构成了困难。困难在什么地方找到了，困难的性质便被确定了，它就不再是令人烦恼不安的事，而是某种理智化的真正的问题。前面例子中提到的那个想按时实现原定约会的人，突然遇到了困难，马上出现了一个暗示，即如何节省时间到达一定距离的地点。但是为了使这一暗示能富有成效地实现，他得寻找交通工具，为了寻找交通工具，他又注意到他现在的位置以及从这里到车站的距离，现在的时间以及他这样做需要多少时间。这样困难之所在就被比较清楚地找到了：即需要走行多少路程，需要多少时间走完这段路程。

问题这个词总是显得过于郑重，而不能表示在较小的反省的场合下所发生的事情。但是，在任何反省活动中，都有把整个情境中起初仅仅表现为感情性的因素加以理智化的过程。这种转化可以使得情境中的困难和行动的障碍更加明确起来。

4.第三阶段：导向性观念——假设

第一个暗示是自发出现的，它自动地出现于人们的心头——突然跳出、突然出现，如同人们所说的"掠过心头"。第一暗示的出现并没有受到直接的控制，它来自来，去自去，如是而已。第一暗示的出现也不含有什么理智的性质。它的理智成分在于：它作为一种感念出现之后，我们用它做什么以及我们如何用它。正因为如上所述的状态，才有可能对暗示加以控制，我们对困难越有明确的认识，我们就越能得到实际可行的解决问题较好的观念。事实或资料能向我们提出问题，对问题的洞察和理解能够改正、改变或拓展原来发生的暗示，这种暗示就变成确定的推测，或者用专门术语来说，这种暗示就称为假设。

医生诊断病人或机械师检查一架不能正常运转的机器，在这种场合下，肯定是在某些地方出现了毛病。若不知道毛病出在什么地方，便不知道如何补救。一位未经过训练的人很可能去胡乱猜想——暗示——并且胡乱地采取行动。希望碰巧有好的运气把事情搞好。某些以前有过效力的药物或邻居介绍的药物，都被拿来试一下。或者，那个人对着机器手忙脚乱，这里敲敲，那里戳戳，想碰巧使机器运转起来。训练有素的人则决不这样做。他精细地观察，运用医师和专门技师一般具有的种种方法和技术，熟悉有机体或机器的结构，能够找到问题究竟出在哪里。

已经做出的判断支配着解决问题的观念。但是，如果情况异常混乱不清，那么，医师或机械师就不能因为有了某种合适的补救方法的暗示，就不再去进一步思考。他们的行动是试探性的而不是决定性的。这就是说，他把暗示当作一种主导的观念，一种工作的假设，根据这个暗示，去做更多的观察，搜集更多的事实，看一看是否有了假设的、要求的、新的材料。他便格外注意，看是否正好出现了那些情况。这样一来，第一个和第二个活动都被控制了。问题的性质变得更充分更清楚了，暗示的种种情况也更具有可能性了，暗示被检验过了，如果可能，暗示就变成合乎标准的可能性了。

5.第四阶段：（狭义的）推理

观察的对象是自然界中存在的事物。观察到的事实，既控制暗示、观念和假设的形式，又检验它们作为解决方法能够具有的价值。另一方面，如我们所说的，观念产生于我们的头脑中，产生于我们的心智中。它们不仅在头脑中产生，而且同样具有很大的发展能力。特定的、丰富的暗示产生于经验之中，产生于有丰富知识的心智之中，心智可以对暗示认真思索，使得产生的结果同心智开始时的观念十分不同。

例如，上一章第三个事例中关于热的观念同那个人已经知道的关于物质遇热膨胀的原理联系起来，并且，又同物质遇冷收缩的倾向联系起来了，所以，膨胀的观念能够用来作为一种解释的观念，如果只有一个热的观念就没有任何效能。热是由观察情境直接得到的暗示，水的热是可感觉到的。但是，只有头脑中先前有了关于热力的知识的人，才能推论出热意味着膨胀，而把膨胀的观念作为一种有效的假设。在更复杂的情况下，存在着一长串的推理，一种观念被引导到另一个原先已被检验的相关的观念。当然，这种观念联系展开的推理，要依靠人们头脑中已经具备的知识积累。这不仅依靠从事探究的人的先前的经验和所受的专门的教育，同时，也依靠当时、当地文化科学的状态。推理有助于知识的扩大，同时，推理也依靠我们已有的知识，依靠知识传播的便利程度以及使知识成为公共的、公开的资源的程度。

现在的医生，凭靠着他的知识和根据疾病所暗示的症状，可以做出某种推断，而这在大约30年以前是不可能做到的，另一个方面，由于临床设备的改善和他们应用的技术的改善，他们也能够对症状做出更进一步的观察。

推理对于暗示性的解决办法，以及对于原有困难所做的更直接更广泛的观察，具有同样的影响。经过更周密的考查，第一次形成的暗示便不能被人们接受。乍一看来似乎是有道理的推测，当其结果被仔细推敲之后，往往发现是不合适的，甚至是荒谬的。例如，长杆作为一种标志杆，在其意义被搞清后，才能判断出它对于当前的情况具有特殊的适用性。有些最初看来表面上像是遥远的和不着边际的暗示，往往经过仔细推敲转变为恰当的和有效的暗示。通过推理，一个观念得到了发展，这有助于提出一些可作为中介或居间的成分，把起初表面上似乎彼此矛盾的元素连接在一起，指引心智从一种推论到另外的相反的推论。

数学是典型的推理。数学是推理活动的典型例子，它可说明种种观念彼此之间的相互作用，而不需要凭靠感觉的观察。在几何学中，我们是从少数简单的概念（如线、角、平行线以及几条线相交形成的平面等等）出发的，也是确定它们性质的少数原理出发的。从而得知，平行线同一条直线相交形成的对应角相等，知道一条线同另一条线垂直相交形成直角，把这些观念联合起来，我们就容易确定三角形的内角之和等于两个直角。再继续把已经证明的定理的意义加以推论，整个平面图形的意义就最终搞清楚了。运用代数符号建立一系列方程式和其他数学算法甚至能够提供更为显著的范例，表明建立观念之间的相互联系能取得何等的成就。

经过一系列科学的观察和试验所提出的假设，一旦用数学形式表述出来，其观念几乎可以转用到任何领域，使我们能够迅速有效地处理问题。许多自然科学的成就，依靠数学观念的推导。科学知识领域内不单是存在着数量形式的测量，而且应用特殊类型的数学的表达，这种表述可借助推理来发展其他的更为有成就的形式——一个值得考虑的事实是，许多教育测量只是采取数量的形式，因而难于做出科学的论断。

6.第五阶段：用行动检验假设

最后一个阶段是通过明显的行动对推测的观念加以检验，以便得出试验性的证实或验证。推论表明，如果这种观念被接受了，那么，跟着就会出现特定的结果。而结论则是假设性的或有条件的。如果我们看到理论上所需要的全部情境都存在着，如果我们发现任何相反的特性又都不存在，那么，这种倾向便可以相信，可以接受，这种倾向是不可抗拒的。有时，直接的观察也能提供证明，前举船上长杆的例子就是如此。在另外的情况下，就要求经过试验，例如杯子与水泡的例子就是如此。这就是说，精心布置符合观念假设要求的种种情境，从而审视这种观念在理论上说明的结果在实际上是否发生。如果试验的结果同理论的或推论的结果一致，如果有理由相信只有这种情境才能产生这种结果，那么，这种认识便强而有力，从而导致一种结论——至少可以说，如果没有相反的事实表明要修正这个结论，那么，这结果就是确定无疑的。

当然，取得一种证明往往不是这么顺畅的。有时，试验结果表明，要想得到证明还缺少坚实的证据。这种观念最终被否决了。但是，这对具有反省思维习惯的人有很大的益处，这种失败并不是单纯的失败。这种失败也是一种教训。真正善于思维的人，从失败中学到的东西，和从成功中学到的东西，是完全相等的。因为失败可向思维的人指明它的症结所在，指明他由于盲目的偶然性而不能达到目的，以及他应当做出哪些进一步的观察。失败也向他提示，他的假设应该做出什么修正。这种失败或者使他发现新的问题，或者使他对正在处理的问题得以确定和澄清。对于有训练的思维者来说, 没有什么东西比在失败和错误中吸取教益是更好的了。对于一个不习惯于思维的人, 那些令人烦恼、沮丧的事情, 或使他们用试探性的方法进行新的无目的的尝试的事情, 对于有训练的研究者来说, 却正好是一些刺激和指导。[1]

　　我们用了这么大的篇幅把杜威的思维过程从头到尾叙述了一遍, 可以说这种思维就是科学家在实验里做实验的思维, 是解决问题的思维。杜威把这种思维上升到人类存在的高度, 杜威的学生、我国著名的学者胡适把杜威的反省思维概括为"大胆假设, 小心求证", 这可以说是恰当的。而杜威提出的这个思维过程对美国教育的影响是非常深远的。美国的基础教育十分重视科学方法的训练, 儿童在小学阶段就学会科学方法的思辨、证明或者是证伪的过程。教师通常把科学研究的步骤规定为第一步是提出问题和假设, 第二步是根据提出的问题去找数据, 第三步是做分析、检验假设的真伪, 第四步是根据分析检验的结果做出解释, 如果结论是证伪了当初的假设, 那么, 为什么错了? 如果是验证了当初的假设, 又是为什么? 第五步就是写报告或者文章。在这个过程中教师会花很多的时间让学生自己通过做实验进行探索, 也会给学生很多案例。曾经有一个中国五年级的小学生对北京的气候感兴趣, 她在社会课上对其做了一项研究, 运用了教师教的步骤撰写了一份研究报告。她把北京一年12个月中每月降雨量、温度的历史数据收集起来, 然后计算历史上每个月的降雨量的最高、最低与平均值, 计算每个月温度的最高、最低与平均值, 然后再分析这些跟北京的其他天文、地理情况的关系, 最终形成了一份讲解报告, 同时她的老师要求她在全班同学面前讲解。儿童在小时候做的事情实际上就是科学家在实验室做的事情, 科学所需要具备的研究素养和研究能力在他很小的时候就已经获得了训练。只不过儿童小时候进行的"科学研究"是在发现人类已经发现的经验, 而成年以后则是进行真正的科学研究, 而自始至终人从事研究的基本程序是没有变化的。

————————

[1] 杜威著, 姜文闵译.我们怎样思维·经验与教育[M].北京: 北京人民教育出版社, 1991.88-93.

四　反省思维使得在从疑难走向确定的过程中获得了科学的方法论

反省性思维可以帮助人们克服武断性。在人们的生活中，武断性会导致人们犯错误，而不断反复思考可以帮助人们学会妥善地处理事情。

无论什么时候，只要有反省，有选择性的强调和选择就是不可避免的。这并不是一件坏事。只有当选择的出现和进行被隐蔽起来，被伪装起来，被否认时，才有欺骗。经验的方法发现和指出了选择活动，正和它发现和指出任何其他的事情一样。因此，它保护着我们，使我们不至于把后来的机能转变成为先有的存在：这样一种转变可以称之为最根本的哲学错误，不管这种转变是以数理的潜在、美感的精蕴、自然界纯物理的秩序或是以上帝的名义进行的，那都是一样的。作者只是想唤醒一下我们同事的哲学家们，此外便没有什么更为真诚的心愿了。他提出了一个意见：即遵循经验法乃是保证实现真诚意愿的唯一途径。不管在选择中有什么东西决定着它的需要并给它指导，经验的方法总是坦率地指出它是为了什么；而对于选择这个事实及其活动和后果，经验的方法也以同等公开的态度把它指明出来。

经验的采用并不保证一切与任何特殊结论有关的事物都会实际上被发觉出来。或者在发现时它们会被正确地揭示和传达出来。但经验法却指出了某一个曾被明确地描述出来的事物曾经在什么时候和什么地方以及怎样被达到的。它放在别人面前一幅已经旅行过的路途的地图，如果他们愿意的话，就可以按照这幅地图重新在这条道路上旅行，亲自来观察这个景色。因此，一个人的发现可以被其他一些人的发现所证实和扩充，而在人类所可能核对、扩充和证实的范围以内具有十足的可靠性。因此，经验法的采用使得哲学的反省获得了类似标志着自然科学研究特点的倾向于意见一致的那种协同合作的趋势。科学研究者并不是凭借着他的定义的耸人听闻和他的论证的坚强有力去说服别人，而是把寻求、进行和达到成就的进程（某些事物已循此途径而发现）放在他们的面前。他的请求是要别人走过一个类似的进程，借以证明他们所发现的东西是怎样和他的报告两相符合的。[1]

从以上的论述中，我们可以看到，杜威的知识观不是绝对主义的，在杜威的思想中，知识是对事物及其各方面联系的认识，因此，知识是相对的，知识不是完成了的，而是不断发展的。

简单地说，知识的作用是要使一个经验能自由地用于其他经验。这里"自由地"一词标志着知识的原则和习惯的原则之间的区别。习惯的意思是一个人通过经验而有所改变，这种改变造成一种倾向，使将来在同样的情况下的行动更加容易、更加有效。因而习惯也具有使一个经验有用于后来的经验的作用。在一定限度内，习惯成功地起了这个作用。但是，习惯离开了知识就不能考虑环境的变化和适应新的环境。预见未来的变化不是习惯范围的一部分，因为习惯假定新旧情境基本相同。因此，习惯常引人误入歧途，或者使人不能成功完成任务，正如一个技工，他的技能全靠习惯，一旦机器的运行发生故障，他的技能就无用，但是，一个了解机器的人就知道他干的是怎么一回事，知道一定的习惯在什么情况下起作用，并且能改变自己的习惯以适应新的情况。

换言之，所谓知识就是认识一个事物和各方面的联系，这些联系决定知识能否适用于特定的环境。举一个极端的例子，未开化的人对一颗火焰般的彗星所做的反应，和他们习惯上威胁他们生命安全的事件的反应一样。因为他们习惯于使用尖声叫喊、敲击铜锣和挥舞刀枪等来吓唬野兽或敌人，他们也想用同样的方法赶跑彗星。在我们看来，这个方法显然是荒谬的，荒谬到我们没有注意到未开化的人完全依靠习惯，正显示出习惯的局限性。我们所以不至于有类似的做法，其唯一原因是因

[1] 杜威著，傅统先译.经验与自然[M].南京：江苏教育出版社，2005.21—22.

为我们并不是把彗星看作一个孤立的、和其他事物不相联系的事件，而是在和其他事物的联系中理解它，可以说，我们把它安放在天文学的系统之中，我们是对彗星的种种联系而不是单纯对当前所发生的事件做出反应。因此，我们对彗星的态度比较自由得多。可以这样说，我们可以从彗星的种种联系所提供的任何一个方面来探讨它，我们可以使用任何一种适合于所联系的事物的习惯。因此，我们能间接地而不是直接地，即通过发明巧妙和机智地了解一个新的事件。一种合乎理想的完备的知识就代表这样一个相互联系的网络，任何过去的经验都能提供有利的地位，以解决新经验中所提出的问题。总之，离开了知识的习惯，提供给我们的是一个固定不变的应付方法，而知识却意味着可以在比较广泛的习惯范围内有所抉择。[1]

实用主义的认识论，它的本质特征是坚持认识和有目的改变环境的活动之间的连续性。实用主义的认识论主张，在严格的意义上，知识包含我们理智方面的种种资源——包含使我们的行动明智的全部习惯。只有已经组织到我们心理倾向中的那种知识，使我们能让环境适应我们的需要，并使我们的目的和愿望适应我们所处的情境，才是真正的知识。知识不仅仅是我们现在意识到的东西，而且包含我们在了解现在所发生的事情有意识运用的心理倾向。知识作为一个行动，就是考虑我们自己和我们生活的世界之间的联系，调动我们一部分心理倾向，以解决一个令人困惑的问题。[2]

反省思维起点是不确定性，而其终点则是暂时的确定性。以前人们通过臣服于理论知识获得确定性已经不符合现在的世界观了。反省思维并不是要提供一个一劳永逸的找到确定性的途径，而是告知人们确定性总是暂时的，我们必须不断地寻找。

---

[1] 杜威著，王承绪译.民主主义与教育[M].北京：人民教育出版社，1990.355-356.

[2] 杜威著，王承绪译.民主主义与教育[M].北京：人民教育出版社，1990.360.

（一）思维是由直接经验的情境引起的

考察以上各例，可以看出，在每种情况下，思维都是从直接经验的情境中发生的。一个人不能漫无边际地去思维，一种观念也不会凭空产生。在第一个例子中，一位学生在城镇的某个地方忙着做事，想起在另一个地方有个约会。第二个例子，一个人正在乘着渡船，而对船的结构中的某种事项感到有些奇怪。在第三个例子中，一个原先受过科学训练的学生正在忙着刷洗玻璃杯。在每种情况下，都是由实际经历着的情境的性质引起了人们的探究和反省活动。

这些例子是极普通的，并无什么特殊的事实。在你的全部经验中，你找不到思维凭空而起的事例。有时，连续发生的思想使你远离最初的思想起点，你很难回到思维起点的原先的某种事物上，但是，随着思路的线索，细细追究，你将发现某种直接经验的情境，某种经历过的、做过的、享受过的或者痛感过的情境，而绝不是单纯的思维。原来情境的特点是思维的起因。思维不单是从情境中产生出来的，它还回归到情境中去。思维的目的和结果是由产生思维的情境决定的。

在学校，不能使学生获得真正的思维的最常见的原因，也许是在学校中不存在一种经验的情境，因而不能引起思维，而校外生活却有可以引起思维的情境。学生们做数学题，即含有小数的乘法运算，小数点的位置要正确，数目字是对的，若小数点搞错，数值就完全错误了。例如，一个学生说是320.16元，另一个学生说是32.016元，第三个学生说是3201.6元。教师见到学生们的这种错误，往往困惑、烦恼。其实，这种结果表明，学生能够正确计算，但不会思维。如果学生经过思考，他就不会任意地改变对数值的理解。如果教师派学生到木材厂购买木板以便在学校的手工作业车间中使用，事先同商人约定，让学生们自己计算购买物的价值。数字运算的过程同教科书所示的相同，小数点的位置完全没有放错。这种情境本身就迫使学生们去思维，并控制他们对价值的理解。把教科书上的问题同木材厂实际购物的需要这两种情境做一对比，可以作为一个很好的例证，说明一种情况对于引起和指导思维是多么必要。

（二）思维趋向于确定的情境

每种情境都是不确定的、困惑的、麻烦的，它向人们提出有待解决的困惑和未确定的疑问。它表明，在各个场合中反省思维的功能是引起新的情境，在新的情境中，困难解决了，混乱排除了，麻烦消除了，问题得到了答案。当一种情境安定了、决定了、有秩序了、清楚了，那么任何特殊的思维过程自然地就结束了，等到新的麻烦的或可疑的情境发生时，就再引出反省的思维。

因而，反省思维的功能是把某种经验含糊的、可疑的、矛盾的、失调的情境转变为清楚的、有条理的、安定的以及和谐的情境。

一个命题里的表述性的结论并不是最后的结论，而是形成最后结论的一把钥匙。例如，第一个人得出结论"到达124街的最佳方式是乘地铁"，可这个结论只是达到最后结论的钥匙，即是说，乘地铁的最终目的是要遵守约定。思维是把初期的、困惑的情境发展为最后的、令人满意的情境的手段。在其他两个例子中，也能容易地做出同样的分析。我们在上一章已经说过，形式"逻辑"的最大困难是它的开始和结尾都仅是命题。而命题中却没有两种实际的生活情境，即一种是怀疑或困难，另一种是最后期望得到的结果，这两种情境凭靠反省思维才能产生出来。

怎样确定已经发生过的推论是不是真正的推论呢？最好的方法是看其结果能不能把困惑的、混乱的和不一致的情境改换为清楚的、有秩序的和令人满意的情境。不完全的和无成效的思维，其结论在形式上是正确的，但是，他对个人的和即时的经验却没有什么影响。充满活力的推论则经常使思维着的人能在他所经验到的领域内，获得某些不同的认识，因为某些事物变得明确了，并且做了有秩序的安排。简而言之，真正的思维必然以认识到新的价值而告终。[1]

　　杜威在这里表达了实用主义哲学的核心思想之一，即结果就是真理。我们可以用一个案例来分析杜威的主张。

案例：我们用什么标准评价教育

　　这段时间给家长们和学校的老师们讲课时，我总会问到这样的问题，到底什么是教育，我们要教给孩子什么？对这个问题，几乎所有的家长和老师都会表现出茫然！各位家长和老师，如果不清楚要把孩子领到哪里去，不清楚应该教给孩子什么，我们怎么保证每一个决策是在带领孩子走向正向而不是相反？很多家长和老师都在抱怨孩子不听话，我问他们：如果孩子对您的话言听计从，您有把握孩子会因为听了您的话成为优秀的人才吗？如果没有把握，我们需要用听话来评判孩子吗？我有时候问老师们：如果您自己有孩子，您会让他来我们这个学校吗？有的教师说会。我继续问：让他们过来是因为我们这个学校给予孩子的是最好的最满意的教育，还是因为到别的学校更差？他们几乎都会回答后者！家长和老师们总在问，孩子有什么什么问题，我们应该怎么办？我在博客中不断地回答问题，但诸如此类的问题还是层出不穷。在这里，我提示各位家长和老师，遇到问题无法判断和解决，往往是因为没有一个合适的标准，如果明白了这个标准，所有的问题都会变得清晰起来。这个标准就是：我们教育者，每做一件事情都是在教育孩子成长，那么，我们只需要看我们的操作是否在增强孩子独立获得幸福的能力。如果是，我们就应该去做；如果不是，则不做。反过来，如果我们每个教育措施都在让孩子走向独立并帮助孩子获得幸福，孩子还会讨厌学习吗？各位老师和家长，我们不是在把孩子培养成抑郁的人才，而是

──────────

[1] 杜威著，姜文闵译.我们怎样思维·经验与教育[M].北京：人民教育出版社，1991.81—83.

在培养快乐的普通人，对不对？[1]

在这个案例中，我们可以清楚地看到作者思考问题时的思维方式，即结果就是真理，这是杜威提出的思维方式，是实用主义者提出的思维方式。实用主义要求我们要善于在这个变化的世界里提出问题、分析问题和解决问题。杜威提出的反省思维与传统的演绎思维不同，演绎思维是从一般的结论进行推理获得对特殊问题的解决。经典的演绎推理三段论就是"人都会死，苏格拉底是人，所以苏格拉底会死"。经过后来的哲学家的不断发展，演绎思维上升到人类存在的高度，法国著名的哲学家笛卡尔和德国的莱布尼茨赞成演绎思维，都试图在正确无误的公理的基础上演绎推理出人类其他的各种真理。然而演绎思维是存在缺陷的，演绎思维实际上无法提出新的问题，无论如何演绎推理得出的结论都不是对新问题的思考，因此到了近代英国的哲学家洛克就开始质疑这种演绎思维了，而提出"知识就是力量"的思想家培根则明确提出了归纳思维，归纳思维是从各种特殊的现象中归纳出一般的原理，这种思维可以提出新的问题，有助于人类创新。而杜威提出的反省思维则偏重于归纳思维，有助于人类对未知世界的探索。人类的探究活动就是要考虑经验、经验的本来性质和价值在当前有什么作用和意义。探究的观念负起了研究生活的责任，让人在不确定的环境中，拥有行动的力量。人类的探究活动的意义在于研究特殊变化是怎样服务于我们的目的，又怎样使我们的目的受到挫折，而不是发现或者陈述某种终极意义或者这种特殊变化背后的永恒本质。

---

[1] 本案例来源于网络。

五　培养年轻一代良好的思维习惯

反省思维告诉我们，确定性是不可能的，我们要以反省思维来应对这个变化的世界。因此在学校教育中要培养学生良好的思维习惯。

在理论上，没有人怀疑学校中培养学生优良思维习惯的重要，但是事实上，这个看法在实践上不如在理论上那么为人们所承认。此外，就学生的心智而论（即某些特别的肌肉能力除外），学校为学生所能做或需要做的一切，就是培养他们思维的能力。对于这一点也还没有足够的理论上的认识。在各个不同的教学目的之间，把整个教学分割开来，例如分成技能的获得（如阅读、拼字法、写字、图画和背诵）、知识的掌握（如历史和地理）和思维的训练，这种做法使三个目的都不能有效地达到。如果思维不和提高行动的效率联系起来，不和增加关于我们自己和我们生活的世界联系起来，这种思维就是有毛病的。如果所获得技能没有经过思维，就不了解使用技能的目的。因此这种技能使一个人受常规习惯的支配和别人权威的控制，这些指挥人们的人虽然知道他们在做什么，但是他们成事的方法并不特别审慎。脱离深思熟虑的行动的知识是死的知识，是毁坏心智的沉重负担。因为它冒充知识，从而产生骄傲自满的流毒，它是智力进一步发展的巨大障碍。持久地改进教学方法和学习方法的唯一直接途径，在于把注意力集中在严格要求思维、促进思维和检验思维的种种条件上。思维就是明智的学习方法，这种学习要使用心智，也使心智获得酬报。我们说思维的方法，这话固然不错，但是关于方法重要的是要牢记，思维也就是方法，就是在思维的过程中明智的经验的方法。[1]

────────────────

[1] 杜威著，王承绪译.民主主义与教育[M].北京：人民教育出版社，1990.162-163.

　　杜威特别重视良好思维习惯的培养,他说:"培养良好思维习惯时,最重要的因素就是要养成一种态度:肯将自己的见解搁置一下,运用各种方法探寻新的材料,以证实自己最初的见解正确无误,或是将它否定。保持怀疑心态,进行系统的和持续的探索,这就是对思维的最基本要求。"[1]但是在教育的过程中,如何培养学生的思维呢,杜威的反省思维在教育上具有特别的规定,他提出,思维的开始必须置身在经验的情境中。

　　第一,思维的开始阶段就是经验。这话听起来好像老生常谈。这句话应该是不言而喻的,不幸的是它并不那么清楚。与此相反,在哲学理论与教育实践中,思维常常被人视为和经验隔绝的东西,可以孤立地培养。事实上,经验所固有的局限性往往被视为要求注意思维的充分理由。于是,把经验局限于感官和欲望,局限于纯粹物质世界;而思维则出自高级的官能(理智),用于属于精神或至少属于书本方面的东西。所以,常常有人把纯粹数学和应用数学截然分开,认为纯粹数学是特别合适的思维教材(因为它与物质的存在无关),而应用数学则具有实利的价值,而没有训练思维的价值。

　　一般来说,教学方法上的基本错误在于假定学生的经验是可以想当然的。我们主张必须有一个实际的经验情境作为思维的开始阶段。这里所谓经验,正如我们解释过的,就是一个人尝试做一件什么事,这件事又可以感觉到反过来作用于这个人。上面所说的错误,在于假定我们不考虑情境的某种直接的个人经验,就可以从算术、地理或其他科目的现成教材开始。甚至幼儿园和蒙台梭利教育法,也急于想"不浪费时间",使学生掌握理智上的成就。因而他们往往忽略或减少学生对熟悉的经验材料的直接的、不够成熟的运用,而立即把他们引进表现成人理智上的成就的材料中。但是,一个人无论在什么年龄,接触任何新材料的第一阶段,不可避免地总是属于尝试错误的性质。他必须在游戏或工作中实际上利用材料,试做一件什么事,进

───────

[1]　杜威著,伍中友译.我们如何思维[M].北京:新华出版社,2010.12.

行他自己的冲动所引起的活动，然后注意他的力量和他所用材料的力量之间的相互作用。当一个儿童开始玩积木时，就发生这种情形，但是，当一个科学家在他的实验室里开始用不熟悉的材料做实验时，同样会发生这种情形。

所以，如果我们要激发学生的思维，而不是单纯学一些文字，学校任何科目的教学法应该尽可能不是学院式的。要懂得经验或经验的情境的意义，我们必须想到校外出现的情境，想到日常生活中使人对活动感兴趣和从事活动的那些作业。细心检查一下正规教育中永远成功的教学方法，无论是算术、阅读、地理物理或外国语的教学，都将会表明这种教学方法所以有效，全靠他们返回到校外日常生活中引起学生思维的情境。它们给学生一些事情去做，不是给他们一些东西去学；而做事又是属于这样的性质，要求进行思维或者有意识地注意事物的联系，结果它们自然地学到了东西。

情境应该具有引起思维的性质，当然就是说它应该提出意见既非常规的、又非任意的事去做。换言之，做一件全新的（因而也是不确定的或有问题的）事情，它和现有的习惯有足够联系，足以引起有效的反应。这种活动不同于纯粹偶然的活动，把活动结果和所做的事在思想上联系起来。因此，有关提出来引起学习的任何情境或经验的最重要的问题，就是这个情境或经验所包含的问题属于什么性质。

初想起来，似乎通常学校所用的方法很符合这里所提出的标准。教师给学生布置题目，提出问题，指定作业，解释难点，这种种事情占学校工作的一大部分。但是，必须区别两种问题，一种是真正的问题，一种是模拟的或虚幻的问题。下面许多疑问可以帮助我们区别这两种问题。①除了给学生提出一个问题以外，还有什么别的事情吗？这个问题是从学生个人的经验的某种情境内部自然产生的呢？还是只是为了讲授某一学校课题而提出的一个孤零零的问题呢？他是不是能引起在校外进行观察和从事实验的一种尝试呢？②它是学生自己的问题，还是教师的或教科书上的问题，只是因为如果学生不做这个问题，就不能得到所要求的分数，或者不能升级、或者不能赢得教师的赞许而给学生提出的呢？这两个问题显然是相互交搭的。它们不过是同一个问题的两种说法：学生所得的经验是他个人切身的事情本来具有刺激和指导观察所包含的联结，并能导致推论和检验推论的性质呢？还是由外部强加给学生，学生的问题不过是满足外界的要求呢？

以上这些问题，要我们表示流行的教学方法能在多大程度上培养学生的思维习惯，未免令人踌躇。一般教室中的设备和布置都是和实际的经验情境不相容的。在教室中有什么东西和能引起困难的日常生活的情况相类似呢？几乎一切都证明非常重视听讲、读书和背诵所听到的和读到的知识。教室中的这种情况和学生在家庭里、在游戏场上，在履行日常生活的职责中与事物和人们主动接触的情况，两者差别悬殊，这么讲不可能过分。很多情况甚至不能和男女儿童在校外和别人交谈或自己阅读时在脑子里所引起的问题相比。没有人曾经解释过为什么儿童在校外时有那么多的问题（如果他们得到什么鼓励，真会缠住成人不放），为什么他们对于学校课堂上的教材那样惹人注目地缺乏好奇心。[1]

杜威对于传统教育在培养思维方面充满了失望，认为传统教育的做法是不足够的，因此在如何训练儿童的思维上，杜威提出了自己的方法。

---

[1]　杜威著，王承绪译.民主主义与教育[M].北京：人民教育出版社，1990.163—165.

六　如何训练儿童的思维

杜威作为伟大的思想家，在培养儿童反省思维的问题上并没有仅仅局限在学校教育上，而是把培养儿童的思维贯串于儿童成长的各个阶段。

（一）儿童早期要通过活动训练儿童的思维

1.为婴儿安排充满刺激的环境

婴儿在刚出生之后的一段时间里，以自己的身体与外界的环境相互作用，当儿童学会控制自己的身体，就说明儿童在理智上有了发展，儿童开始有了思维的活动，儿童有意识地选择和安排自己的身体就构成了思维，尽管这是思维的初步形式。所以成年人要做的事情就是为儿童的成长布置各种各样的刺激，这样能够引起儿童更新奇的反应，在与成年人的交流中使儿童的思维获得发展。

别人的说话、手势、行为及职业，和一些推动因素一起发出了信号，并暗示了某些令人满意的表示方法，暗示了某些可以达到的目的。有了他自己的目的，儿童就像注意自然事件一样，去注意别人，等到更进一步的暗示，得到实现目的的手段。他选择他所观察到的某些方法加以尝试，找出其中成功的或不成功的，并在他自己的信念中估量一下它们的价值是增加了还是减少了。就这样，他继续地选择、安置、顺应和实验，直到他能如愿以偿为止。……成人的活动在儿童的心智发展中起着重大作用。因为成人的活动给世界上的自然刺激加进了新的刺激，这些新加入的刺激更准确地适应于人类的需要，它们更丰富、有更好的组织，范围更复杂，允许有更灵活的适应，因而也就能引起更新奇的反应。但是儿童在利用这些刺激时，他所运用的方法，同他为了支配自己的身体而尽力去思维的方法是一样的。[1]

2.重视儿童的游戏

当儿童再长大一点，会玩游戏的时候，儿童的思维就有了较高级别的发展了。"当某些事物变成了符号，而能够代替别的事物的时候，游戏就从简单的身体上的精力充沛的活动变为有心智因素的活动了。"[2]因此，杜威非常重视游戏在儿童思维发展中的作用。儿童在进行游戏的时候，就已经学会了符号思维，例如儿童会把扫帚当作马，把椅子当作汽车，虽然我们知道事实并非如此，但是儿童如此的比拟说明儿童在游戏的时候不是随意地幻想，而是在想象中认识现存的真实世界。杜威说："儿童到了一定的时期，必须拓展和更精确地认识现存事物，必须充分确定地设想目的和结果，以作为行动的指导，必须获取某些熟练的技巧，来选择和支配各种方法，用以达到这些目的。"[3]所以杜威反对把游戏和工作对立起来的做法。儿童在成长的过程中，会逐渐发现那些不可靠的假装的游戏是不合适的，虚假的游戏无法提供足够多的刺激以引起儿童满意的心智反应。所以杜威说："工作（是理智态度，而不仅仅是外部表现）意味着一种意义（或一个暗示、一个目的、一个目标）是适当的化身的兴趣，在客观的形式中，通过应用适当的材料和器具所表现出来的一种态度。这种态度利用了在自由的游戏中引起和建立起来的意义。但是，他却控制着意义的发展，使其应用于事物时能与事物本身可以观察到的结构相一致。"[4]

3 通过创造性作业培养儿童思维

杜威认为儿童在小学阶段的课程负担过重，必须让儿童通过"做中学"的

---

[1] 杜威著，伍中友译.我们如何思维[M].北京：新华出版社，2010.132.
[2] 杜威著，伍中友译.我们如何思维[M].北京：新华出版社，2010.132.
[3] 杜威著，伍中友译.我们如何思维[M].北京：新华出版社，2010.135-136.
[4] 杜威著，伍中友译.我们如何思维[M].北京：新华出版社，2010.134.

方式来学习, 笔者在后文中会介绍。

(二) 通过语言训练思维

语言是思维的工具。对于任何高级思维活动来说, 语言都是不可缺少的。杜威批评学校教育中的错误做法, 以往学校往往要求能够熟练地运用指定的公式进行分析, 这样的结果导致学生养成了机械的学习态度, 而不是富有思想的学习态度。通过语言训练儿童的思维, 杜威提出了三点建议。

1.扩充词汇量

杜威要求儿童主动地运用文字的意义来传递观念进行交流。如果儿童的词汇量有限, 就说明他的经验狭窄, 与人的交往少, 不能提出或者不需要大量的文字储备。如果与儿童交往的人词汇方面也贫乏、儿童读物也很浅薄的话, 儿童的心智能力发展就不会成熟。

2.更精确地表达词汇的意义

杜威说: "意义的确定性同词汇量的绝对增长相比, 同样是重要的。"[1]掌握精确意义的词汇才能真正促进儿童的发展。

词语的最初意义, 由于对事物认识得肤浅, 他们是笼统含糊的。幼小的儿童把所有的成年男人都喊为 "爸爸"; 他们认识了狗之后, 可能把他看的第一匹马叫作 "大狗"。儿童们尽管注意到了数量和强度的差别。但是, 对事物基本意义的理解却相当含糊, 所以把一些根本不沾边的事物也包括进去了。许多人认为, 树就是树, 或者仅仅把他们分成落叶树和常绿树, 只认识其中一两种就算了。如果总是保持这种含

---

[1] 杜威著, 伍中友译.我们如何思维[M].北京: 新华出版社, 2010.150.

糊、笼统的认识，就会成为思维前进中的障碍。[1]

3.形成连续叙述的习惯

儿童掌握了词汇和其具有的精确的含义，就要把它们组织起来形成句子表达自己的观念，因此语言的连贯性是非常重要的。杜威分析了学校教育中的错误做法。第一个错误就是教师具有垄断连贯叙述的习惯。教师往往只让学生用简单的不连贯的词汇回答问题，然后给予肯定和引导，然后开始长篇大论地讲述他认为学生应该表达的意思。第二个错误就是规定的课业分量太少，以及讲课时那些琐碎的分析性的提问。杜威认为像文学历史这样的课程最忌讳的就是教师断章取义破坏教材的完整意义，不分主次地堆积一些不相联系的细枝末节，学生获得的都是孤立的残渣碎片。第三个错误是教师总强调避免错误，忽视儿童的能力获得。为了避免错误，教师要求儿童使用简单句子，在极端的情况下，要求儿童沉默来减少犯错误的机会。在这样的情境下，儿童总是处于一种怕羞的情绪和情绪不安的状态，写作的热情也就消失了。

（三）通过观察训练儿童的思维

随着儿童思维的发展，逐渐进入理论思维的层面，因此，观察也发展到了理智和科学的水平。在学校教育中，对于培养儿童的观察力，杜威提出了三种方法。第一是把观察当成是主动的过程。认识是被应用于已掌握的事物，而观察是被用来探寻未知事物的。因此要让儿童主动地探索未知的世界。第二，选择适当的观察材料。杜威认为教育者不能提供那些静止的呆板的材料，儿童对那些静止呆板的事物进行了费力的、不充分的观察，但是却无法提出任何问题，

---

[1]　杜威著，伍中友译.我们如何思维[M].北京:新华出版社,2010.150.

也就是说无法引起儿童的思维。所以杜威提出观察的材料要能够变化。"变化（像精心安排的故事或情节中的偶然事件一样）必须发生在某种渐增的顺序中；每一连续的变化都能使人回想起变化以前的原先的东西，并对以后将要出现的东西产生兴趣。如果观察的变化能够理智地加以安排，就会有助于形成逻辑思维的态度。"[1]第三是引导儿童观察的目的，即"学生学习观察是为了（1）发现他们所面临的疑难问题；（2）对观察到的令人费解的特征加以推测，并提出假设性的解释；（3）验证暗示的观念"。[2]可见，杜威要求观察具有科学的性质，需要人付出理智性的努力，也只有这样的观察才能培养儿童的思维。

（四）通过知识传授培养儿童思维

杜威认为教师通过知识传授也能培养儿童思维。对此杜威提出三点要求，第一是传授的材料应该是必须的。这意味着教师提供的材料应该是通过个人观察不那么容易获得的，是需要学生付出心智努力的。第二是传授的材料应该是一种刺激，而不是带有教条主义的定论和僵硬的性质。这意味着学生可以从这些材料中发挥自己的创造性，杜威说："这种独创性不是指学生自己的结论和别人的结论有所不同，更不是指要得出一个彻底的新奇的结论。学生的独创性同别人大量使用的材料和提出的暗示，并不是相容的。所谓独创性，是指学生对于问题有亲身探讨的兴趣，对于别人提供的暗示有反复深思的主动精神，并且真心实意地循此前进，导出经得起检验的结论。"[3]第三是传授知识所提供的材料应当与学生经验中的紧要问题有密切的关系。杜威反对把材料局限在学校的书本的内容中，反对教师们上课的时候说："你们记得上星期我们从书

---

[1] 杜威著，伍中友译.我们如何思维[M].北京：新华出版社，2010.161.
[2] 杜威著，伍中友译.我们如何思维[M].北京：新华出版社，2010.162.
[3] 杜威著，伍中友译.我们如何思维[M].北京：新华出版社，2010.164.

本中学到的东西吗？"提供与学生经验无关的材料就导致学生生活世界的二元化，一个是书本世界，一个是校外的经验世界，这样的结果导致学生的日常生活世界暗淡无光，无法得到扩大和改善。

（五）通过讲课培养儿童思维

杜威认为，教师通过讲课和儿童的接触是交往的重要途径。教师讲课有三点重要的地方。第一是教师要唤起儿童对于理智活动的强烈愿望，注意不能让教科书占据主宰地位，否则儿童的思维就会受到限制而变得迟钝。第二是讲课要指导儿童形成良好的思维习惯，也就是通过良好的提问指导儿童探究。第三是讲课的核心目的并不是考察学生是否掌握了知识，而是要培养儿童良好的思维习惯和态度。

杜威非常重视思维习惯的培养，这和杜威的世界观是一致的，世界的变化是不可预知的，应对这个变化的世界的唯一方法就是探究，而探究首先要具备的就是良好的思维习惯。布鲁纳曾经说过，和杜威"那个时代一样，我们无法预知目前受着教育的儿童将来会生活在怎样一个世界中。这样，多方面的心理能力和竞争的潜能就是我们能够给予儿童的唯一的工具了；时代和环境要经历种种变革，但儿童对这种工具的需求却是不会变的。在理想的学习中我们向儿童提供的一系列的学习内容，不必固定地采取某一种形式，但必须如此，不管教的是什么内容，都得让学生连续不断地学习研究下去，直至使学生从深化的理解中体会到心智的力量。"[1]

---

[1]　布鲁纳等著.杜威教育哲学之我见[J].外国教育研究，1985（4）.

七 对杜威"反省思维"的反思

诚然，杜威为我们提供了认识我们世界的新的方式，放弃了旁观者的思维方式，让我们人类认识到，我们就身处在我们的世界之中，我们站在旁观者的位置上，为人类提供永恒原则的情况是不可能的了。因此我们必须通过行动来把握我们的世界，通过对变化的世界的探究来获得安全感。杜威对实践的重视与卡尔·马克思是一样的，虽然杜威没有上升到马克思的思想高度，认为以往的哲学都是在解释世界，而问题在于怎样改变世界，然而杜威也为改变这个世界提供了方法论，只是杜威提出的方法论也存在局限性。哲学为我们提供了把握世界的方式，但是把握世界的方式不仅仅是哲学。杜威让我们用"反省思维"来应对变化的世界，但是人类分化了的实践领域，例如审美、宗教、经济都拥有自己的基本方法。这些实践领域相互联系也相互独立，我们不可能放弃某个领域，因此用杜威的方法不能解决我们全部的困惑。我们要了解杜威的哲学，但是不能迷信杜威的哲学。反省思维固然为我们思考问题提供思维的路径，但不能成为唯一的路径，杜威提出的对儿童思维的训练显然是遵循了个体发展的心理历程，而现代的发展心理学和认知心理学的进展也已经到了新的高度，我们也不能仅仅迷信杜威对儿童思维训练的方法。

第二章 哲学认识论与教育

杜威曾经说过,哲学就是教育的最一般方面的理论,教育乃是将哲学上的分歧具体化并受检验的实验室。在众多的思想家中,杜威对教育的期待可谓是最高的。"哲学是思考的一种形式,它和所有思考一样,起源于经验内容中的不确定性,它的目的是要找出困惑的性质,提出消除困惑的假设,并在行动中加以检验。哲学思考的基本特征在于,它所对付的种种不确定性出现在广泛的社会情况与目的之中,存在于那种有组织的兴趣和制度上的要求的冲突之中。因为,要使各种对立的趋势能和谐地重新调整,唯一的方法就是改变理智和情感的倾向。因此,哲学同时就是明确地表述各种不同的人生兴趣,提出使多种兴趣实现更好的平衡的观点与方法。如果要使这些必要的变革不会流于空洞的建议,就需要作为实现这一变革的过程的教育。因此,我们有理由提出,教育乃是在实践中审慎地落实哲学,哲学则是教育的理论。"[1]

从哲学认识论的角度看,这句话的意思就是:人类的观念是怎样获得的,这是认识论问题,到底哪一派的理论是正确的,这需要教育来证明。可见教育所具有的功能是多么的重要。

---

[1] 杜威著,彭正梅译.民主·经验·教育[M].上海:上海人民出版社,2009.165.

一　人类在操作中获得观念

认识论问题是个非常重要的问题。这个理论解决的问题是我们的认识是怎么发生的，我们能否认识这个世界，我们思考世界的逻辑能力和分析问题解决问题的能力是怎么来的，我们思考世界的知识是怎么来的。

在一切哲学问题中，关于观念 (ideas) 的性质与价值问题恐怕是最能吸引那些有学识修养的人的了。有的人认为"唯心主义"一词具有着赞扬的意味，这便是人们尊重思想及其权力的一种赞辞。有的人认为机械唯物主义具有一种讨厌的性质，这便是由于 (机械) 唯物主义压低了思想的价值，把思想当作是一种幻象，或者最多是一个偶然的副产品。从某种意义讲来，人类本身之所以显得高贵，就是因为有观念、有思想。严肃的人们总是向往有一个使得经验可以产生观念、产生意义，而这些观念又可以转过来支配行为的世界。"[1]

在哲学的领域中，认识论问题是非常有魅力的，整个近代哲学几乎都是关于认识论的。总的来讲，认识论包括两个派别，一个是经验主义认识论，强调人的感觉经验在认识过程中的主导地位，一个是理性主义认识论，强调人的抽象逻辑思维能力在认识过程中的主导地位。杜威对传统的经验主义认识论和理性主义认识论都进行了分析。

这两个学派不管怎样极端的相反，它们却有一个共同依据的前提。按照这两个哲学体系来看，反省思想，即包含有推论和批判的思维，并不是创造一切事物的根源。反省须有现在的实在为之验证，而这种现在的实在是在某种非反省的直接经验

[1]　杜威著，傅统先译.确定性寻求[M].上海：上海人民出版社，2004.106.

中被揭示出来的。这种反思的思想是否有效，这要看我们是否可能把它和这种先在的直接知识内容等同起来，从而核查了它的结论。这两个学派的争论只在于它们对于这种事先直接知识的性质和器官的意见不同。这两个学派都认为反省，即包含有推论的思想，是有再生性的；它的结果只有当它们和不经过任何推理即能认知的东西加以比较时才能得到"证明"。[1]

杜威找到了两个派别共通的地方，提出人们在操作中获得观念，他说：

从我们根据观念的操作性来替观念下定义和找验证的观点看来，观念是具有经验根源和经验身份的。就"行动"一词字面上和存在上的意义而论，观念就是所实行的行动。就是去做一些事情，而不是去接受从外面强加在我们身上的感觉。感觉性质是重要的。但是只有当它们是有意地进行某种行动的后果时它们在理智上才是有意义的。[2]

由此，杜威确立了实验主义的思维方式。

我们通过视觉所经验到的感觉性质之所以在认识方面有其地位和功能，并不（如感觉经验主义所主张的）由于这些感觉性质是孤立自存和自有的，或由于它们是强迫引起我们注意的，而是因为它们是我们有意地从事于一定明确的操作的后果。这些感觉性质只有在当它们和这些操作的意向或观念联系在一起时才能揭露事实或验证理论。理性主义学派坚持感觉性质只有当它们被观念所联系起来的时候才能对知识有意义；从这一点上看来，理性主义学派是正确的。但是他们认为这些联系作用的观念是脱离经验，深居于理智之中的；在这一点上，它们是错误的。联系是通过操作进行的，而操作是界说观念的。操作和感觉性质一样都是属于经验范围以内的事情。

---

[1] 杜威著, 傅统先译. 确定性寻求[M]. 上海: 上海人民出版社, 2004.107—108.
[2] 杜威著, 傅统先译. 确定性寻求[M]. 上海: 上海人民出版社, 2004.111.

所以当我们说我们已经第一次有可能来建立一个关于观念的经验主义，而这个经验主义既免除了感觉主义又免除了先验的理性主义所强加在它身上的负担时，这不能算是夸大其词。我敢大胆地说，这种成就是思想史上三、四个突出的功绩之一。因为它使我们得到解放，毋庸追溯到既有的东西，追溯到为过去的所谓直接的知识所获得的东西。用所从事的操作去界说观念的性质和用这些操作所产生的后果去检验这些观念的有效性，就是在具体的经验范围内来建立起了联系。同时，由于我们的思维再不必仅用现在的存在去检验思维的结论，于是思维便显然有了创造的可能性。[1]

既然我们的思维与操作密切相连，杜威又开始思考下一个问题——决定我们选择操作的因素是什么？我们已经知道，实验分析的第一个效果就是把直接所经验到的对象归结为素材。这样一种分解是必要的，因为这些对象在它们的第一种经验方式之下是困惑的、晦暗的、零散的；它们还不能以某种方式来满足一种需要。素材规定了问题的性质；如果有了一定的素材，就是引起一种如何从事操作的思想；如果按照这种思想去实行，就会产生一个新的情境，在这个情境中便解除了原来引起探究的那种困难或疑问。如果我们远溯科学历史，我们就会发现有一个时期，在这个时期内人们应付困难情境的动作是一些结构型的有机反应以及一些习得的习惯。目前的探究在实验室中所运用的最精密的技术就是这些简单的原始操作的推广和改进。这种技术的发展大部分依靠人们利用物理的工具，而当探究发展到一定程度的时候人们就会有目的地去发明这种工具。从原则上来讲，适当的操作在科学领域内创造的历史和工业中它们的演化过程并无二致。为了完成一定的目的，就需要进行一定的工作，人们尝试过各种不同的操作设计和操作方法。成功与失败的经验逐渐改进了所使用的

[1] 杜威著.傅统先译.确定性寻求[M].上海：上海人民出版社，2004.112-113.

手段。人们发现了更加经济有效的运作方法——发现了更加容易、更加适合、更加明确地达到合意的结果的操作。每前进一步，随着就造成了更加精良的用具。一种用具的发现又时常暗示着一些在发明这些用具时所未曾想到的操作，因而又进一步改善了操作。因此我们就可以用操作来界说观念，而决定这种操作的并不是什么先验的验证或者规则。这些操作本身就是在实际探究进程中通过实验发展出来的。这些操作是从人类的自然动作中创造出来的，也是在做的过程验证和改进的。

我们是如何获得观念的，杜威对这个问题的回答显然没有走唯心主义的路线，杜威认为人类在操作中获得观念虽然与马克思的辩证唯物主义观点不同，但毕竟承认人类的活动在人类思想观点产生发展中所起到的重要作用。杜威强调了人在和环境相互作用的过程中产生了观念。我们前文曾经讲过，杜威深受达尔文进化论的影响，杜威之所以认为世界是变化的，是受到进化论的影响，与实体论观点不同，进化、变化、发展并不是一种事先的安排，从旧的事物中会突变形成新的形式。进化论推翻了上帝造人的观念，认为人是自然界的一部分，因此对人类的行为进行的解释与以前不同，认为人的生活就是为了取得与环境的平衡，人类发展理性就是为了使人能够更好地生活。

人类的观念是如何获得的，这个问题实在是太重要了。"如果人的知识或观念是头脑里天生就有的话，那么最有效的教学策略就是启发人们的自觉意识，比如，苏格拉底法。然而，如果学习是在个人与环境的交互作用中发生，那么，正如杜威所倡导的，最有效的方法就应该是问题解决法"。[1]既然人类的观念不是先天就有的，也不是后天灌输的，而是与环境相互作用通过经验获得的，那么人类就要通过经验的方式来学习。这也就有了杜威的教育观点。

---

[1] 杰拉尔德·故特克著，陈晓瑞主译.哲学与意识形态视野中的教育[M].北京：北京师范大学出版社，2008.8.

二　人类通过经验学习

我们在人类安全感的获得与教育的思考中已经分析了杜威的反省思维。对杜威来说，我们在操作中获得观念，而要改进经验，就需要"反省思维"。这就需要在经验的意义上再次分析杜威的认识论思想。很多人把杜威的思想称为实用主义，也有人说是实验主义，如果我们用杜威使用过的概念来表达的话，就是经验自然主义。杜威说在这个世界上我们能讨论的就是经验。经验包括主动的方面和被动的方面，两个方面的因素特有的结合就是经验。

在主动的方面，经验就是尝试——这个意义，用实验这个术语来表达就清楚的。在被动的方面，经验就是承受结果。我们对事物有所作为，然后它回过来对我们有所影响，这就是一种特殊的结合。经验的这两个方面的联结，可以测定经验的效果和价值。……当一个活动继续深入到承受的结果，当行动所造成的变化回过来反映在我们自身所发生的变化中时，这样的变动就具有意义，我们就学到了一点东西。一个孩子仅仅把手伸进火焰，这还不是经验；当这个行动和他遭受的疼痛联系起来的时候，才是经验，从此以后，他知道手指伸进火焰意味着灼伤。[1]

所以，杜威既不是一个主观主义者，也不是一个客观主义者，而是一个反对二元对立的经验主义者。

常言道，从经验中学习，就是在我们对事物有所作为和我们所享的快乐或所受的痛苦这一结果之间，建立前前后后的联结。在这种情况下，行动就变成尝试；变成一次寻找世界真相的实验；而承受的结果就变成教训——发现事物之间的联结。[2]

───────────────

[1] 杜威著，王承绪译.民主主义与教育[M].北京：人民教育出版社，1990.148.
[2] 杜威著，王承绪译.民主主义与教育[M].北京：人民教育出版社，1990.149.

杜威借助当时科学的新进展去证明自己的观点。

生理学和与生理学相关联的心理学的进展，已经表明心理活动和神经系统活动的联系。但是人们往往就止于承认联系。旧时的灵魂和肉体的二元论为大脑和其余肉体部分的二元论所取代。但是，事实上，神经系统只是使一切身体的活动协同工作的特殊机制。神经系统不是孤立于身体活动，作为一个从运动反应器官认知的器官，而是使一切身体活动相互起反应作用的器官。大脑本质上是从环境接受的刺激和对环境做出的反应之间相互进行调节的器官。请注意，这种调节是有来有往的；大脑不仅使有机体的活动对环境中的任何事物施加影响，对感觉刺激做出反应，而且这个反应决定下一个将是什么样的刺激。让我们来看一下一个木工在制作木板或蚀刻者刻划杯盘或者任何连续性的运动时所发生的事情。虽然每一个运动反应适应通过感觉器官所表明的情况，但是运动反应决定下一个感觉刺激。从这个例子可以引出一个一般化的结论，这就是，大脑乃是经常改组活动以保持连续性的机制。换言之，就是在未来的行动中做出过去活动结果所要求的变动。木工工作的连续性不同于同一动作的例行反复，也不同于毫无积累作用的胡乱活动。一种活动所以是连续的、相继的或集中的，是因为每一个前面的动作都为后来的动作准备道路，而后来的动作又考虑已经达到的结果——这是一切责任的基础。一个人如果懂得认识与神经系统的联系，懂得神经系统与不断调整活动以应付新情况的联系，懂得这些事实的全部力量，他就不会怀疑认识和改组中的活动有密切的关系，认识不是脱离所有活动的自身完全的东西。[1]

总的来说，杜威的认识论反对二元对立。

---

[1] 杜威著，王承绪译.民主主义与教育[M].北京：人民教育出版社，1990.352—353.

　　以上提出的认识方法的理论可以称为实用主义的认识论。它的本质特征是坚持认识和有目的地改变环境的活动之间的连续性。实用主义的认识论主张，在严格的意义上，包含我们理智方面的种种资源——包含使我们的行动明智的全部习惯。只有已经组织到我们心理倾向中的那种知识，使我们能让环境适应我们的需要，并使我们的目的和愿望适应我们所处的情境，才是真正的知识。知识不仅仅是我们意识到的东西，而且包含我们在了解现在所发生的事情中有意识地运用的心理倾向。知识作为一个行动，就是考虑我们自己和我们生活的世界之间的联系，调动我们一部分心理倾向，以解决一个令人困惑的问题。[1]

　　通过以上论述，我们可以看出，杜威在知与行的关系上尤其重视"行"，观念的获得也是与行动密切相关的。而实用主义哲学其实就是关于行动的哲学，英文单词Pragmatism原意是"行为、行动"，是一种帮助我们实现理想目标的哲学，鼓励我们寻找途径并行动起来。

---

[1] 杜威著, 王承绪译.民主主义与教育[M].北京: 人民教育出版社, 1990.360.

三　教育要按照人类获得观念的方式来实施

杜威认为，人类观念的获得离不开人的操作，在操作的过程通过反省思维不断得以改进。因此，人类的教育活动就要按照人类获得观念的方式来进行。因此，杜威提出了"做中学"的教育方式。"做中学"这一学说的核心是"做"。什么是做呢? 按本人的理解，做就是行动，就是实践，就是人与环境的相互作用。在这个过程中既有身体的活动，也有精神的活动。

（一）控制身体活动的教育的弊端

杜威看到传统教育的弊端在于要么是单纯的身体活动，要么是靠精神活动直接领会意义，这两种方式都是身心二元对立的体现。

杜威批评了教育中对身体活动的轻视。传统教育把身体的活动看成是一种干扰，被认为与精神活动毫无干系。杜威反对这种观点，杜威说："学生有一个身体，他把身体和心智一起带到学校。他的身体不可避免是精力的源泉；这个身体必须有所作为。"[1]然后教育却把学生的身体当作是讨厌的东西，当作是学生违反纪律调皮捣蛋的根源。教育轻视人的身体，教师大部分时间抑制学生的身体活动，因为教师们认为学生们身体活动太多，心思就不在教材上了，所以"学校很重视宁静；鼓励沉默，鼓励呆板一律的姿势和运动；助长机械地刺激学生的理智兴趣的态度。"[2]实际上，学生们身体活动的过分限制会产生很多问题。

[1]　杜威著，王承绪译.民主主义与教育[M].北京: 人民教育出版社, 1990.150.
[2]　杜威著，王承绪译.民主主义与教育[M].北京: 人民教育出版社, 1990.150.

对教师和学生所造成的神经紧张和疲劳，乃是身体活动和理解意义分离的不正常情境的必然结果。他们时而冷漠无情，时而激情暴躁。学生的身体受忽视，由于缺乏有组织的、有成效的活动渠道，突然爆发出无意义的狂暴行为，而不自知其所以然；或者陷入同样无意义的装傻想干傻事，这两种情况都和儿童的正常游戏截然不同。身体好动的儿童变得烦躁不安，不守规矩；比较安静，所谓虚心谨慎的儿童，把他们的精力用在消极地压制他们的本能和主动倾向的工作上，而不用在积极的建设性的计划和实行计划的工作上。所以，它们不是教育儿童有意义地、压制地使用他们的体力，而是教育他们恪尽不发泄体力的义务。[1]

深受杜威思想影响的美国教育经过多次的改革，实际上已经甚少有束缚学生身体的不良教育活动，儿童的身体在美国的教育活动中实现了解放。在我们的教育实践中，我们的教育文化依然存在着对学生的身体进行控制的倾向，因此，20世纪80年代美国人考察中国的教育，看到教室里的小学生都背着手老老实实地坐在椅子上，都感到十分的惊奇和不理解。这可能就是中国和美国教育文化的不同。而站在杜威的立场上，中国这种过分控制学生身体的教育也是要受到批判的。

杜威的主张是"做中学"，而"做中学"是不排斥身体的活动，甚至是要求身体的活动。所以杜威认为："任何把身体活动缩小到造成身心分离即身体和认识意义分离开来的方法，都是机械的方法。数学的教学，甚至高等数学，如果过分强调计算技术，就有这种弊端；自然科学的教学如果为实验而实验，也会产生这种弊病。"[2]传统教育只是一味传授知识，要求学生坐在固定座位上，静

[1] 杜威著，王承绪译.民主主义与教育[M].北京：人民教育出版社，1990.150.

[2] 杜威著，王承绪译.民主主义与教育[M].北京：人民教育出版社，1990.151-152.

聆讲解和背诵课本,全然处于消极被动的地位,而教师则强硬灌输与生活无干的教条,完全脱离社会现实和不顾儿童身心发育的规律。结果是不仅无法使学生掌握到真正的知识,反而激发起学生极其严重的厌学情绪,扼杀了学生的创造才能,窒息了学生的生命活力和智慧。

"做中学"的方式是对儿童四类天生的冲动的尊重。儿童的四类冲动是社会性冲动、建造性冲动、研究性冲动和表现性冲动。

一个小孩的社会性冲动,表现在他希望家庭和别人分享他狭小世界的经验。这种对于他自己最接近的环境的以自我为中心的兴趣,能不断地扩充。这是他的理智生活的基础,他喜欢给人讲述各种东西,以分享他的知识。这个愿望,使他利用一切可能表达和传达的方式,并且深刻地影响着他的成长。所以语言本能——儿童社会表达的这一最简单形式,乃是一个巨大的教育资源,也许是一切教育资源中最大的一个资源。

儿童做事情的冲动、制造东西的冲动首先用游戏、有节奏的运动、手势和假装来表现,然后变得比较确切,把原材料塑造成明确和永久的表现形式,为冲动寻找出路。由于儿童这些自我发动而又得到外来精心指导的社会的和建造的活动,符合他自己明确的设想和希望的目的,因而对共同的工作和游戏有所贡献。儿童感到对人有帮助,这个感觉本身反回来提高对他自己力量的估计。这样一种认识,使他发现自己完美的价值,并激发他进一步做出更大的努力。儿童的建造活动,逐渐地成为习惯,这就为儿童和集体造成一种发展中的经验。当这个经验一天天扩大时,他从中不断地得到提高和充实。

研究和实验的冲动常常是建造冲动和社交冲动的结合。所以,在学校中,对幼年儿童来说,实验科学和木工场的工作并无区别。他们最喜欢做一些事情,看看将会发生什么。教师的职责在于设法使一个结果从一种意义通向另一种意义,导致越来越多的有意义的结果。

表现性冲动和研究性冲动一样，似乎是交流冲动和建造冲动的继续；它是这些冲动的提高和充分表现。所以，当儿童表达思想的欲望从他们的生活中涌现时，表达思想所必须的一切工具和材料都在手边了。[1]

（二）按照做中学的方式教学

"做中学"的方式可以充分调动学生的积极性和主动性，"经验表明，当儿童有机会从事各种调动他们的自然冲动的身体活动时，上学便是一件乐事，儿童管理不再是一种负担，而学习也比较轻松了"。[2]

我们首先通过一个案例来说明问题。

案例：儿童是在操作中学习

一个三年级学生看到书上介绍的"鸡蛋在食盐水中浮起来了"的实验，也照着试做，结果做了几次，鸡蛋都没有浮起来。他对书上的说法产生怀疑，找到老师报告了自己的惊人发现，小刘老师心里觉得好笑，一句"肯定是你做得不对"刚想出口，却忍住了。要在以往，他会毫不客气地说出这句话，可能还会加上一句："干该干的事去，别老钻牛角尖！"但现在，他知道作为科学课教师，培养、保护学生的实证意识和敢于质疑的科学态度正是他工作的核心。

"你能不能用事实来证明，鸡蛋并不会在食盐水中浮起来？"小刘老师的建议给了那个孩子启发。"可以的，我想。"他满有把握地说。为了有足够的证据证明自己的观点，孩子反复做了许多次实验，一次，他往水里加入了更多的盐，结果发现鸡蛋浮了起来，一下子推翻了自己的假设，他有些难为情地向小刘老师汇报这个结果。这个

---

[1] 凯瑟琳·坎普梅休等著，王承绪、赵祥麟、顾岳中译.杜威学校[M].北京：教育科学出版社，2007.30—31.

[2] 杜威著，王承绪译.民主主义与教育[M].北京：人民教育出版社，1990.207.

结果虽在小刘预料之中，但还是让他深深震撼。看着孩子失望的样子，他觉得要让孩子感受到自己行动的价值："什么原因使前几次实验的结果不同？""因为浮力和食盐水浓度有关。"孩子答。"太了不起！你的怀疑让你得到了别人没有注意到的知识呢！还不快去告诉其他同学？"小刘老师表情兴奋，他自己清楚，这兴奋的表情并不是装给孩子看的。

在这个案例中，学生是通过自己的动手探究获得答案的。这是中国的教师在实际教学中的做法，是符合杜威所说的"做中学"的方式的。在杜威看来，"做中学"的方式首先表现为游戏和主动的作业。"做中学"的教育方式能让学生体验到学习的快乐，以往人们也会让儿童参与游戏等活动目的是消除学校正规学习所产生的疲劳。但是杜威反对这一观点。

探索、操作工具和材料、建造、表现欢乐情绪等先天的倾向，具有基本的价值。如果这些本能所激起的种种练习是正规的学校课程的一部分，学生便能专心致志地学习，校内生活和校外生活之间的人为的隔阂因之减少，能供给各种动机，使学生注意有显著教育作用的各种材料和过程，并使学生通力合作，了解知识材料的社会背景。总之，学校所以采取游戏和主动的作业，并在课程中占一明确的位置，是理智方面和社会方面的原因，并非临时的权宜之计和片刻的愉快惬意。没有一些游戏和工作，就不可能有正常的有效的学习；所谓的有效的学习，就是知识的获得是从事有目的的活动的结果，而不是应付学校功课的结果。讲得更具体些，游戏和工作完全和认识的第一阶段特征相应。[1]

那么，对学校来说，到底有哪些主动的作业供儿童学习呢？在杜威看来，

[1] 杜威著.王承绪译.民主主义与教育[M].北京：人民教育出版社，1990.207—208.

学校有着丰富的主动的作业的方式。"学校里的手工,有用纸的,有用硬纸板的,有用木料的,有用皮革的,有用布的,有用纱线的,有用粘土和沙的,有用金属的,有时用工具,有时不用工具。采用的制作法有折叠、切割、穿刺、测量、浇筑、做模型、制作图案、加热、冷却,以及锤、锯、锉等特有的操作方法。作业的方式也很多,除了无数种的游戏和竞技以外,还有户外短途旅行、园艺、烹饪、缝纫、印刷、书籍装订、纺织、油漆、绘画、唱歌、演剧、讲故事、阅读、书写等具有社会目的的主动作业。"[1]这些教育资源的充分利用并不是要培养儿童的专门技能,比如木工活动并不是要把儿童培养成为一个木工,而是让儿童在操作中学习,在操作中学会合作,学会思考问题,思维能力获得发展。

杜威实验学校采取的方式就是"做中学",通过活动组织课程。杜威的实验学校把儿童的发展分成三个阶段,4岁到8岁或者8岁半是第一个时期,8岁到10岁是第二个时期,第三个时期持续到13岁。在杜威的实验学校里,烹饪课程非常重要。烹饪活动本身就有它自己存在的理由。它不断提供试图解决新问题的刺激。杜威学校的老师曾经描述过烹饪课程,为我们提供了"做中学"的案例。

为年龄最小的儿童选择谷物和水果做食物,是由于这些东西只需要最简单的准备,并且这些材料的处理很少变化。儿童真正的兴趣是在实际的工作中,在接受仔细的口头指导或通过示范以后,他们就准备和供应了午餐。这个作业的价值是在于善于处理材料以及小心地使用材料,并养成整齐和有次序的习惯。所有这一切都助了创造有条有理的习惯,不单单是在从事实际性质的工作中,而且也在他们的思想和计划中。这种工作对全班社会组织的影响是同幼儿园集体的游戏相似的。在工作的进行中进行观察是有价值的,因为要重视少数经常出现的现象。

为了简单朴素,部分的午餐是三明治,是从家中带去的夹心面包,一般供应热的

[1] 杜威著,王承绪译.民主主义与教育[M].北京:人民教育出版社,1990.209.

淡可可饮料。儿童对收拾杯盘和洗盘子，和对烹饪的任何其他工作一样感兴趣。一周一次的学校午餐是家长和教师密切合作的结果。这些日子里所缺少的蔬菜和肉由家庭补足。

烹饪对年龄小的儿童有特别的教育价值。给他们提供个人工作、首创精神和独立自主的机会。烹饪要求集体的工作，鼓励互助的精神，并使个人很好地适应整个集体工作。烹饪对他们有感染力，这种感染力是贴近的和直接的，烹饪又具有能顺序地安排的性质。从准备简单的午餐开始，儿童对所使用的材料和准备这些材料设计的过程发生了兴趣。这就有可能在烹饪前介绍简单的实验，使他们能够定出准备食物的方案和步骤。这种工作的合乎逻辑的结果，就构成了思想和行动上的简单和直接的习惯。这些习惯建立在以后的工作上，在以后的工作中发展起来，在这些工作过程中更加复杂，其中儿童工作的相互作用需要使每一个人更好地适应集体的社会生活。

指定为6岁儿童的工作，介绍的方式有了一些性质上的改变，这种改变是和儿童在态度上的相应改变一致的。材料还是同样的谷物和水果。选择谷物是因为和当前的作业有关系，这个课程从研究典型的谷物农场开始。烹饪的兴趣，开始于儿童的一个愿望，要进一步从事农民和磨坊工人的工作，从准备食物到最后的应用，为消化做准备，谷物也提供了热和水对淀粉和纤维素所起的效果的最简单例证。

烹饪课开始，全班儿童和教师集合在黑板前成半圆形。检查谷物的准备工作，并考虑了各种准备的方法。儿童依靠实际的实验比较了各种准备方法所需烹饪时间的区别。研究了产生这种区别的理由。在烹饪中每一个准备，他们对应用热和水方面提出一些新论点。这工作从使用最简单的和水到他们对谷物的淀粉颗粒所起的效果。提出的论点是：纤维素的机械性分裂的影响与水对淀粉粒的影响。因此，咀嚼、试味以及一切消化的其他过程，就更容易完成了。于是提出了磨细谷物以缩短烹饪的过程的意见。实验还说明谷物组成，在不同的各种谷物中的淀粉和纤维物质的相对分量,在市场见到的谷物的各种不同的准备,像去壳的、砸碎的、磨碎的与做成薄片的,等等。[1]

我们还可以通过一个美国现代学校教育中的案例体会杜威所说的"做中学"。

案例:美国小学生的权力游戏

在美国土生土长的女儿上小学二年级了,女儿上学,从来没有听说有什么班干部。第一年上学前班,老师给全班同学分配任务:有的是把门人,即孩子们列队进教室时,把门打开,等全班进去后再关上;有的是领队,走在第一个,引导全班进入教室。可想而知,孩子们都想当领队,不想当把门人。不过,这些角色,从来是每个人轮流,绝对平等。目的是教育孩子,每个人都要给大家服务,对别人都应该尽责任。这大概也是培养集体精神的第一步吧。

女儿上二年级后,这套把戏没有了。班里照样没有学生干部。不过,人是权力的动物,从小就希望当头头,支配别人。上午有一个20分钟的课间休息时间,一个年级的孩子在游乐场自由活动,小小的权力角逐就从这里开始了。

女儿班上的一位叫阿利克斯的男孩,组织起一个虫子俱乐部。女儿喜欢自然,赶快去参加。结果她发现,阿利克斯把自己封为老板,另一个女孩子是副老板,还有一个是老板助理,她则是个普通雇员。女儿是个谦和的人,对此并不太介意,跟着玩了不少时间。俱乐部有种种规矩。比如新成员要考试,即抓一个小虫子,但要好好照顾,不能有任何伤害等等。

不过时间久了,女儿觉得自己总听人指挥,有些不耐烦,就决定退出,发起了一个

---

[1] 凯瑟琳·坎普梅休等著,王承绪、赵祥麟、顾岳中译.杜威学校[M].北京:教育科学出版社,2007.253—255.

自然俱乐部，马上招来3个小朋友加入。这次她可神气了。她当老板，她的好朋友尼克当副老板，另外一个叫奥莉维娅的女孩，当老板助理。

当我听说奥莉维娅加入时，心里多少有些吃惊。这孩子我知道，非常聪明，是个典型的孩子王，什么事情都要按自己的主意办，从来不甘居人下。她怎么可能安心当老板助理呢？果然，几天后，俱乐部中的权力就发生了变化。女儿作为老板，定下了规矩，要给手下人评分，根据工作成绩确定职位。他们的主要工作就是捡树叶，捡垃圾。那个奥莉维娅特别机灵，马上捡了许多，比尼克的成绩好。女儿找到尼克，问是否应该让奥莉维娅当副老板，他当老板助理。尼克无话可说，只好同意了。不过过了几天，尼克宣布退出，自己另立一个快乐俱乐部，女儿还答应去参加。

这个小小的游乐场，不知道有多少这样的俱乐部。孩子们自由活动的时间有限，不能什么俱乐部都参加，所以俱乐部之间就要竞争。你想当头，就得发起一个俱乐部，并能把持俱乐部的领导权。同时，你要能吸引人来参加。如果最后成了光杆司令，俱乐部就失败了。可想而知，成为领袖要有几个条件。第一，你自己要比较有人气，人家愿意和你玩儿。第二，你发起的俱乐部要比较有意思，能够吸引人。第三，你要比较能干，会管理，能服人。那个奥莉维娅，就是这么一个人物。女儿说，她常常带一些小东西分给小朋友，而且主意特别多，许多孩子都喜欢和她玩。另外，我们还参加了一个包括她父母在内的家长俱乐部，大家凑在一起，当着孩子的面，夸奖孩子做的好事。奥莉维娅的母亲讲起自己的女儿来说："一次，奥莉维娅组织一个音乐剧，在开始时，她特地停下录音机里的音乐，问大家是否都能跟上。这显示了她对别人的关心，显示了她的领袖才能。"

我当时听到"领袖才能"一词，心里一惊：7岁这么点一个孩子，谈什么领袖能力？但再一观察学校游乐场上的情况，实际上许多孩子都在为确立自己的领袖位置而努力。和我们班干部的法则不同的是，他们都懂得，自己是不是领袖，不在于老师怎么评价，而在于自己的小伙伴们是否认同。一个领袖，必须能照顾他人的利益，给大家带来福利。像奥莉维娅的母亲这样的家长，平时也潜移默化地鼓励这样的行为。

美国的规则是基层自治，一切事情要靠自己解决。比如你到一些偏远的小镇就会看到：政府是业余的，消防队没有什么经费，所有的消防队员，都是当地的志愿人员，一切组织得井井有条。这里体现的不仅仅是制度，而且还有习惯。这种自我组织的习惯，必须从小养成。记得9·11时，第四架被劫持的飞机上的乘客知道真相后，死到临头居然一起投票，决定反抗。此事让许多国人感动不已。后来我发现，7岁的女儿在房子里用几个娃娃玩游戏，在决定哪个娃娃坐在哪里时，还要问我："爸爸，在这几个之中，你投谁的票坐在那里？"她已经有通过正当程序组织自己玩具的概念了。

我们要培养未来有责任感的公民，就应该放手让孩子自己组织自己，自己评价自己。没有大人的奖赏，孩子们反而能够懂得如何为自己负责，如何当领袖。毕竟，孩子不能一辈子都听家长和老师的。他们长大成人后，应该是一个有独立思想的公民，为自己的生活做出选择。[1]

在这个案例中学生通过组建俱乐部的方式获得了合作、领导、民主的观念，比起教师在课堂上告诉学生什么是合作与民主，效果好得多。

（三）间接经验的重要性

经验是杜威哲学中的重要概念，经验既包含着行动的含义，但也具有认识的特征，没有思考的含义在里面，经验就变得没有意义了。虽然杜威强调直接经验的重要性，但并不等于说杜威反对间接经验的教育。从人类遗传的角度上讲，杜威还是很重视间接经验的。

———————

[1] 本案例来源于网络。

人与下等动物不同，因为人保存他的过去经验。过去的事在记忆里还可以重新经验过。我们今天做的事并不是孤立的；每一件事的周围，隐隐约约都是一些和这件事相类似的过去经验。下等动物的经验一过去就没有了，每一个新动作，无论是施还是受，总是孤立的。人的经验却不然；每一事里常带有过去经验的回响与追念，每一事常使人想到他事。因此，我们可以说，禽兽住的世界只是一种物质的世界；人住的却不仅是物质的世界，乃是一个充满着符号与象征的世界。一块石头不仅仅是坚硬碍人的东西，也许是一个祖宗的墓碑。一派火光不仅是暖热燃烧的东西，也许是家庭生活的一种标识；不仅是烫手伤人的火焰，也许是我们最爱护的家庭炉火呢。（西方人以冬日的炉火为家庭生活的代表，正如我国以社稷为国家的符号）这种区别，人与禽兽所以不同，人文与天然所以大异，只是因为人能记忆，能保存它的经验。[1]

而人能得以保存经验就是因为教育的存在。杜威说："教育所以不可少的缘故，就是因为人类在婴孩时期自己不能生存，要是没有父母去教育他、扶助他，就不能成人了。有许多低等动物的教育，从小到大，都偏于形体一方面。人类却不能仅注重形体一方面，还有心理、知识、道德等各方面的教育也都是应该注重的。因为人类的婴孩时期是个渐进的时期，什么人都要经过。教育就是从这个婴孩时期过渡到成人时期的一只摆渡船，所以，教育不是奢侈品，是必需品。简单说，教育所不可少的缘故，就是因为'生'与'死'两件事。人类当生下来的时候，不能独立，必须依靠他人，所以有赖于教育；死去的时候，把生前的一切经验和知识都丢了，后世子孙倘要再去从头研究，岂非太不经济，甚至文化或可因此断绝。所以，因为人有死亡这一件事，也非有教育把经验和知识传之子孙不

---

[1] 杜威著，胡适等译.哲学的改造[M].合肥：安徽教育出版社，2006.1.

可。"[1]可以说,杜威并不是否定间接经验的重要性,而是对于学校教育如何传授间接知识提出了自己的看法,按照杜威的说法,传统的教育存在的问题就是把间接经验直接呈现在儿童面前,忽视了儿童已有的经验,采取强硬的方式灌输进儿童的大脑。而这样的做法是绝对错误的。在小学阶段杜威主张运用"做中学"的方式学习,但是到了中学阶段,杜威并不否定教师的讲授方式,而是对教师的讲课方式做了规定。杜威曾经例举过如何教中学生上课:

> 例如讲到天文,书上告诉你,地球转动的轴是有点斜的,斜度几度几分,因此,南半球、北半球所受的日光不同。平常教法总是教人记着斜度几度几分,因受日光的不同所以有寒热带,几个月冬天,几个月夏天。这样的教法是不对的。我们应该把它与文化连在一起。如北方因为天气冷、日光少,所以产生民族、文化较迟较落后;但是人类在这种天文、地理不相宜的地方,尚且能与自然奋斗、造出文化,如火的发明、衣服的发明及在北冰洋中捉鱼等,这种都能引起兴趣,可以知道人类在天然界所占的地位。再用寒带以南受日光较多、天气较温的地方来讲。地势有高山、平原的不同,土性有膏腴、瘦瘠的不同,因此产生的民族有特别的气质、风俗和习惯。如蒙古的地方宜于畜牧,所以产生游牧民族,养成居无定所的习惯和勇敢冒险的天性。因职业的关系,所以产品是油饼、牛乳等物。又因天性、习惯、文化种种关系,所以人民善战,在文化史上产生极大的影响。……这样的讲法能把学生的眼光推广,然后渐渐引他到社会政治的问题上去。如英国为什么以这样小的岛国,而能在商业上占这么大的地位,殖民地这么多,运输这么发达?[2]

因此,杜威并不是反对间接经验本身,而是对人们对间接经验的态度和儿

---

[1] 单中惠、王凤玉主编.杜威在华教育演讲[M].北京:教育科学出版社,2007.4.

[2] 单中惠、王凤玉主编.杜威在华教育演讲[M].北京:教育科学出版社,2007.62—63.

童学习间接经验的方式提出了自己的看法，杜威要求间接经验的学习必须能够引起学生的兴趣。杜威认为，我们活学活用过去的经验最为重要，他曾经举过两个案例来说这个问题，第一个是基督教的一个案例："耶稣《新约书》里有个寓言，可以拿来证明这个道理。有一个主人，把许多钱分给三个仆人，自己出门去了。第一个仆人拿了主人的钱去做生利的事业，赚了一倍；第二个赚了好几倍；第三个恐怕钱弄坏了，尽力地把它保存起来，不敢动。过了几年，主人回来算账，知道这事，遂赏了前两个人而罚了第三人，因为主人所给他的钱不曾发生一点效果的缘故。古代的学生也与钱是同样的道理。倘把它藏起来，不加一些利息上去，仍旧把原物还古人，这非但一方面我们自己不能拿来应用，一方面也太对不起古人了。"[1]第二个案例把教育比喻成一只船，他说："指挥教育、改造教育，好像驶一只船：装载货物固然应该持平，不要使它畸轻畸重；然而装了以后，不能扬帆开始，使满装了货物的船停在船坞里腐烂，当然是不行的。古代传下来的学问，就是装载船里的货物。现在的新潮流、新趋势，就是行船的风。我们应该使这满装货物的船乘风前进，不使它停在船坞里腐烂。"[2]所以对于间接经验我们要进行改造，让它焕发生命的活力，而不是把间接经验灌输进儿童的大脑。如果认为杜威仅仅让儿童通过直接经验来学习，那就大错特错了。杜威并不否认间接经验的学习，同样认为间接经验在人类生活中的重要性，只是间接经验的学习方式必须受到批判，要以能够引起学生兴趣的方式进行。

---

[1] 单中惠、王凤玉主编.杜威在华教育演讲[M].北京.教育科学出版社,2007.23—24.

[2] 单中惠、王凤玉主编.杜威在华教育演讲[M].北京.教育科学出版社,2007.8.

四 对杜威"做中学"思想的反思

"做中学"的思想集中体现了杜威对于认知和行为关系的主张,杜威对"行动"的重视引起了哲学的革命和教育的革命。他开启了重视实践的思想派别,但是杜威过于强调行为在认识中的作用,导致对学校产生的必要性认识得不清楚。学校从人类的总体实践中分化出来,就是因为人类在社会生活中难以有效地进行学习,在社会生活中的学习无法满足人类生存发展的需要,因此学校教育有其特殊性,而杜威的"做中学"的方式很容易消除学校和社会的界限,走向非学校化社会的方向。200年前,被认为是现代教育思想开端人物的卢梭就放弃了学校教育,杜威也在模糊学校和社会的边界,然而今天的现代化社会更加复杂,学校与社会的关系没有向卢梭和杜威所提出的方向发展。实际上,社会生活只能是教育的补充,而不能成为教育的替代。

在人类认识世界的方式上,杜威提出的观点是人类在操作中获得思维能力的增长,但这仅仅是一家之言,无论是哲学上认识论的观点还是心理学上对人类认知能力发展的相关理论,它们都为从事教育实践提供了理论基础,无论是主观主义、客观主义还是建构主义,都是我们从事教育实践的重要理论支撑。在教育实践中,学校获得观念的方式可能有赫尔巴特[1]提出的"统觉",也就是新思想和旧思想的相互联系,可能也有洛克[2]的"心灵白板",即后天的经验与传递,从事教育教学的专业技术人员,应该根据具体的教育实践去分析和

---

[1] 约翰·弗里德里希·赫尔巴特 (Johann Friedrich Herbart, 1776年5月4日—1841年8月14日) 是19世纪德国哲学家、心理学家,科学教育学的奠基人。代表的教育学作品是《普通教育学》。

[2] 约翰·洛克 (John Locke, 1632年8月29日—1704年10月28日),英国哲学家、经验主义的开创人,同时也是第一个全面阐述宪政民主思想的人,在哲学以及政治领域都有重要影响。其教育学代表作品是《教育漫话》,提出了培养绅士的家庭教育思想。

判断,而没有必要抱守杜威所说的这一种观点。尽管杜威是教育理论的集大成者,但是理论总是灰色的,而教育实践才是丰富多彩的,作为教育工作者,我们不能用单一的理论去束缚丰富多彩的教育实践,而且也正是由于丰富的教育实践,教育智慧的的孕育才有了可能。

第二篇　民主社会与教育

杜威的代表作是1916年出版的《民主主义与教育》，从事教育教学工作的人最耳熟能详的著作也是这本。《民主主义与教育》实在是教育思想上的里程碑式的著作。在教育的思考中，柏拉图、卢梭和杜威刚好完成了一个正、反、合的思考过程。柏拉图强调的是国家，被认为是国家本位的保守主义鼻祖，卢梭是个体本位论的赫赫有名的倡导者，历史到了杜威时代，他强调的是个体性和社会性的统一，而这样的人属于民主社会。这一篇，我们从社会的角度再来透视杜威的思想。哲学固然是人类存在的学问，是人类对世界的形而上学思考，但是在杜威这里，哲学也意味着社会哲学和政治哲学。教育乃是哲学上的分析具体化并受到检验的实验室，这里哲学也可以被理解为政治哲学和社会哲学。我们不得不思考的问题是，杜威眼睛里什么样的社会是理想的社会呢，在这样的民主主义社会中，教育又是什么样子的呢？

第三章 什么是民主社会

一 什么样的社会是民主社会

人们总是误解杜威,认为杜威是一个个体主义者,因为他强调儿童中心,一提到杜威,人们也总是冠之以"儿童中心论"的主张者这样一个头衔,然而如果这样理解杜威,真真是误解了他。实际上,杜威重视的是共同体。个体的生命短之又短,工作的时日也是屈指可数的,孤立无援时,人是难以做成事情的,然而人类学会了建构制度,就使得人类可以创造巨大的文明。所以在杜威眼里,人类个体其天性也是社会性的,因此共同体是人类生活所必须的。人类个体在共同体中学会了所扮演的角色,从而实现了发展。所以在杜威所提出的民主社会中十分重视共同体的利益,民主社会的标准就是共同利益和相互作用,也就是说,要看看社会成员共享的利益如何,社会各群体之间相互作用到什么程度。"从个人的角度来说,民主在于根据其能力而有责任地分享、形成和指导其所属团体的活动,在于根据其需要参与那些团体所维持的价值。从团体的角度来说,民主要求在符合共同利益和共同善的前提下解放团体成员的各种潜力。"[1]从这个意义上讲,杜威是个民主主义者,不是一个个体主义者。

(一)杜威对专制社会的批判

在谈论什么是民主社会的时候,杜威批判了专制社会。他认为,在专制社

---

[1] John Dewey,The Philosophy of Dewey,edited by John J.McDermott,The University of Chicago Press,Chicago and London,P.623,转引自童世骏,科学与民主的和谐相处何以可能?——论杜威和哈贝马斯的科学观和民主观[J].华东师大学报,1999 (4),36.

会中，各个群体都只顾自己的利益，没有共同利益，也谈不到群体之间的相互作用。例如在中国的封建社会，地主阶级和农民阶级是对立的阶级，两大阶级之间的交流与沟通仅仅限于所谓的体察民情，通过科举制度实现一些阶层流动，这样的社会不是民主社会，由于缺乏阶层群体之间的沟通和对共同利益的共识，结果导致一旦出现社会流动就是大规模的社会动乱。历史上记载了西晋皇帝晋惠帝的故事，那时候西晋闹饥荒，很多百姓都饿死了。大臣们把情况报告给晋惠帝，他却说："没有饭吃，为什么不吃肉粥呢？"对于历史，不同的人可以有不同的解读，但是我们可以看到在这样的社会中，社会阶层之间的相互作用是多么的不充分。所以，杜威说："在这种社会里，很少有共同的利益；社会各成员之间没有自由的往来。刺激和反应是非常片面的。为了要有大量共同的价值观念，社会全体成员必须有同等的接受机会，必须参与各种各样的事业和经验。否则，很多势力教育一些人成为主人，却教育另一些人成为奴隶。这两方面的不同的生活经验模式，不能自由交流，每一方面的经验都失去意义。社会划分为特权阶级和受压迫阶级，社会失却内渗作用。上层阶级在物质方面所受的影响较小，也较难察觉，但他们所受的祸害同样是实在的。"[1]所以杜威批判那种封闭的无法交流的社会。

由于缺乏各方面的共同利益的自由而平等的交往，理智的刺激作用失却平衡。刺激的多样性意味着有许多新奇的事物，有了新奇的事情，思维就得到挑战，如果人们的活动愈加限于狭隘的范围，如果有严格的阶级界限，彼此经验无法适当交流，活动的范围就受到限制——处于不利地位的阶级，他们的行动就愈加墨守成规，而在物质上处于优越地位的阶级，他们的行动就愈加人性，无目的和暴躁。柏拉图曾经

---

[1] 杜威著，王承绪译.民主主义与教育[M].北京：人民教育出版社，1990.89.

给奴隶下过这样的定义：一个奴隶控制他行为的目的，是从别人那里接受来的。现在在法律上虽然没有奴隶制度，但仍旧有这种情况，无论在什么地方，只要人们所做的事有益于社会，但是他们并不了解他们工作的意义，而且不感兴趣，就可以发生这种情况。现在有许多人谈论工厂的科学管理。他们把获得工作效率的科学局限于肌肉的运动，这是一种狭隘的观点。其实利用科学的主要机会，在于发现一个人和他的工作的关系——包括他和参与工作的其他人的关系，懂得这种关系，能使他对他正在做的工作有理智的兴趣。[1]

杜威认为如果仅仅把人的活动限制在人的工作的物质方面，忽视社会方面的因素，就无法使社会成员认识到社会的共同利益。而团体的孤立状态和排他性也可能导致反社会精神的出现。

孤立的生活能使生活僵化和形式制度化，使群体内部只有静止和自私自利的理想。原始部落把外来的人和仇敌看作同义词，这不是偶然的。因为他们把他们的经验和固守他们过去的习惯视为一件事，在这样的基础上，他们怕和别人交往，这是完全合乎逻辑的。因为这种接触可能毁灭习惯。这种接触肯定会引起改造。活跃的和开拓的精神生活，扩大和物质环境的接触，这是寻常的道理，但是，在我们容易忽视的领域，即社会接触的领域，应用这个原理甚至更加重要。[2]

所以杜威非常重视人与人、团体与团体在社会生活中的相互交流，因此彼此的交流能够增加彼此的了解，有助于社会问题的解决。杜威反对社会的均匀

---

[1] 杜威著, 王承绪译.民主主义与教育[M].北京: 人民教育出版社, 1990.89—90.

[2] 杜威著, 王承绪译.民主主义与教育[M].北京: 人民教育出版社, 1990.91.

性、单调性和一致性，而是认为社会应该具有丰富性和复杂性。

杜威在定义社会的时候提出"对于现有任何社会生活方式都需要有一个价值衡量标准"[1]。在价值标准的选择上，杜威首先摒弃了柏拉图的思路。杜威提出"我们不能纯粹从思想上构建一个'理想社会'，为了保证我们的理想具有实践用处，我们从实际存在的社会出发来加以建构"。[2]柏拉图是在思想的王国里建立的理想国家，然后提出教育的国家功能，而杜威首先就摒弃了柏拉图的思路，杜威认为我们要从实际出发，"我们的任务在于从实际存在的社会形势中汲取优良的特征，运用它们来批评不良的特征，并指出改善之途"[3]。

（二）杜威眼里的理想社会

杜威在批评专制社会后提出了自己的理想民主的标志。杜威生活的时代是美国社会完成了农业社会向工业社会转型的时期，随着移民的增加和大量农村人口涌入城市，美国得以立国的民主制度面临着危机。杜威洞察了这种危机，提出了他自己的民主观。他认为民主必须要使人与人之间能够交流，不同的群体之间能够理解。在杜威生活的时代，当时的思想家对民主的价值判断也是观点不一。当时也有思想家对民主持批判态度，认为民主是不稳定的、具有破坏性的政府形式，民主无助于促成达成共识，而共识才是有效政府的核心。而杜威则认为，"民主主义不仅是一种政府的形式，它首先是一种联合生活的方式，是一种共同交流经验的方式"。[4]他认为民主包括两个要素：第一个要素是

---

[1] 杜威著，彭正梅译.经验·民主·教育[M].上海：上海人民出版社，2009.75.

[2] 杜威著，彭正梅译.经验·民主·教育[M].上海：上海人民出版社，2009.75.

[3] 杜威著，彭正梅译.经验·民主·教育[M].上海：上海人民出版社，2009.75-76.

[4] 杜威著，王承绪译.民主主义与教育[M].北京：人民教育出版社，1990.92.

"不仅表明有着数量更大和种类更多的共同利益，而且更加依赖于作为社会控制的因素的共同利益的认识。第二个要素，表示各种社会群体之间更加自由的相互影响（哲学社会群体由于要保持隔离状态，曾经是各自孤立的），而且改变社会习惯，通过应付由于多方面交往所产生的新的情况，社会习惯得以不断地重新调整"。[1]在这样的民主社会里，杜威是不能忍受阶级的存在的，"对于一个社会来说，划分成许多阶级将是致命的，因而必须考虑给全体成员以平等的和易于取得的精神发展的机会。一个被划分成不同阶级的社会，只需特别注意统治者的教育。而一个充满流动性的民主社会则拥有许多渠道把任何地方发生的变化传递出去，因而必须注重其他社会成员的教育问题，强调发展个人的首创精神和适应能力"。[2]因此，杜威的民主社会的理想实现也是依赖于教育的。

在杜威的思想里，个体和社会不是对立的，而是统一的。社会应该能够包容和支持个体，而且社会应该培养起既服从传统又有批判意识的个体，对社会来说，这种有批判意识的个体并不是脱离社会，而是意味着责任，而社会的理想是社会成员们能更好地处理社会生活的问题。在民主社会里，能够扩大社会成员的共同利益和社会群体成员之间的相互作用，也能促进个体的解放与发展，这样的社会就是杜威心目中的理想社会。但是在杜威生活的时代，美国的民主制度并不是稳定的，所以杜威认为在民主社会上犯的最大错误就是把民主看成是某种固定的东西，所以在如何看待民主社会的问题上，杜威提出了实验主义的社会政治哲学。这种哲学强调的是点滴改造，零碎进步，既反对对社会的狂风暴雨式的攻击和批判，也反对对社会进行总辩护，对社会的变革不能

---

[1]　杜威著，王承绪译.民主主义与教育[M].北京：人民教育出版社，1990.394.

[2]　杜威著，彭正梅译.经验·民主·教育[M].上海：上海人民出版社，2009.81.

是根本性的变革,而是逐步的改造。否则,他们将被突然遇到的种种变化所迷惑,看不出这些变化的意义或关联。结果将是一片混乱,人们是盲目的,由外部势力指挥的活动的成果将为少数人滥用"。[1]

值得注意的是,杜威对民主的主张中没有宗教的色彩,杜威本人也不是一个具有宗教色彩的哲学家。杜威认为民主是通过群众行动、形成群众意见达成群众利益的活动。杜威对宗教的这种态度可能与杜威的妻子密切相关。杜威的妻子艾丽斯·杜威于1882年到密歇根大学就读,成了杜威的学生,1886年,他们结为夫妻。艾丽斯·杜威虽然笃信宗教,但并不接受教会的条条框框,杜威受其影响,逐渐放弃了"教会是世界上最符合人类利益的、最高级的创造"这种观点,他倾向于认为宗教的态度来源于自然经验,神学和教会无助于促进宗教信仰。因此,从这个角度来说,杜威的民主理想是非宗教的,是关于世俗社会民主的主张。

总的来说,杜威所提出的民主社会是一种协商民主,民主不应该首先被定义为所有公民的投票权,而应该是帮助产生创新思想的手段,他说:"我们选择了两点用来测量社会生活的价值,这两点就是:一个团体的利益被全体成员共同参与到什么程度。换言之,一个不良的社会对内对外都设置重重障碍,限制自由的往来和经验的交流,倘有一个社会,他的全体成员都能以同等条件,共同享受社会的利益,并通过各种形式的联合生活的相互影响,使社会各种制度得到灵活机动的重新调整,在这个范围内,这个社会就是民主主义的社会。"[2]

---

[1] 杜威著,王承绪译.民主主义与教育[M].北京:人民教育出版社,1990.93.
[2] 杜威著,王承绪译.民主主义与教育[M].北京:人民教育出版社,1990.105.

二　民主主义社会何以需要教育

（一）社会的改良需要教育

想要使民主社会得以维持和改造，必须依赖教育。民主的社会需要思想和感情的融合，而这是离不开教育的。杜威曾经引用美国公共教育之父贺拉斯·曼的话："教育是我们唯一的政治安全；在这个船外，只有洪水。""公共学校是人类最大的发现。其他社会机关是医疗的和补救的。这个机关是预防的和解毒的。"[1]尽管如此，杜威对教育普及也有着明确的主张，并不是认为只要普及教育就好，他曾经区分了德国的教育普及和美国的教育普及之间的不同。他认为德国的教育普及是非共和国的，没有为民主服务，而美国是共和国的，是为民主服务的。杜威的《民主主义教育》发表在1916年，这个时期正好是第一次世界大战爆发的时期，当时的德国正好处在上升的发展时期，杜威就把两个国家的教育进行了比较。他认为，德国的教育是为贵族主义、为发展少数人的教育，目的是养成服从的习惯，所以注重灌输，把学生当成是容器，强行把知识注入其中。而美国的教育则是追求真理、希望共和的，强调教育平等，反对注入式的教育，注重自动的教育。在教育的标准上，德国的教育是发展少数人的教育，教育的目的是选拔少数人进行精英培养，以形成专门的学识、专门的技能；而美国的教育则不然，美国根据每个人的天赋提供良好的机会发展自己，而不以门户之见把某些人排除在外。所以在杜威的思想里，美国的民主是最好的，因为这种共和民主的社会里每个儿童都有被教育的机会，教育的方法又尊重儿童的

---

[1]　杜威著，傅统先译.人的问题[M].上海：上海人民出版社，1965.34.

个性,所以美国的教育才是民主的教育。所以我们在阅读杜威思想的时候要注意到杜威思想的时代背景和杜威所生活的美国社会文化。

总的来讲,杜威认为,社会的改良是要依靠教育的,主要就是因为儿童的习惯是没有形成或者固定的,是可以通过影响改变的,可以通过让儿童形成良好的习惯而改良社会,所以民主社会要想维持民主必然要依赖教育。

通过教育来改造社会的观点在历史上并不是没有,只是这些思想与杜威的想法并不一致。杜威分别批判了柏拉图、18世纪的个人主义以及19世纪流行的国家教育与社会教育的思想主张。杜威说:"柏拉图的教育哲学的理想,在形式上与我们所讲的观点很相似,但是在他把这个理想付诸实施时,却把阶级作为社会的单位,而不是把个人作为社会的单位,从而放弃了这个理想。18世纪启蒙时期的所谓的个人主义,把社会看得和人类一样广大,个人是人类进步的器官。但是,这一派哲学缺乏任何发展其理想的机构,它的求助于自然就是证明。19世纪的制度化的唯心主义哲学,把民族国家作为实现理想的机关,弥补了这个缺陷。但是在实施中又把社会目的的概念限于统一政治单位的成员,重新引进了个人从属于制度的思想。"[1]

杜威实际上是在力图维护美国的民主。杜威十分强调共同体的作用,认为人类之所以能够创造巨大文明就是因为有共同体的存在,重视的是在传统中形成的习惯。习惯是杜威民主社会中一个很重要的概念。习惯赋予我们行为以连续性和稳定性,它们赋予我们以行动的能力,使我们不必在社会生活的每个步骤上都需要仔细地思考来筹划我们的行动。杜威认为,在一个民主社会中,习惯支配着人们、驱动着人们、控制着人们,我们是依赖于我们的习惯来对行为的结果进行价值判断的。从这个角度讲,杜威所说的习惯其实就是社会习

[1] 杜威著,王承绪译.民主主义与教育[M].北京:人民教育出版社,1990.105.

俗。社会习俗在方方面面强有力地塑造了我们的行为。但是对于一个发展中的社会来讲,谁又能对这种社会习俗做出判断呢?在变革的社会中,传统的习俗尽管已经不适应社会的发展与变化,但是依然是难以改变的。"当我们考虑到挑战和或许是重建我们习惯的价值观、传统和制度,使其适应当代世界的变化这个相关问题时,一个特别的困难突显出来。我们的许多习俗——尤其是那些被认为是离我们的社会核心最近的习俗,如性的价值观和宗教的及政治的象征——并不是那种我们愿意对之进行批判性思考的话题。"[1]所以传统习俗要想改变是非常困难的,人类甚至把自己的很多习俗给予神圣化,结果导致我们如果抛弃习俗就是抛弃我们自己。习俗之所以难以改变就是因为个体是在先前习俗设定的条件下养成他们的个人习惯的,就好比是儿童学习语言一样,儿童很快学会了母语并没有让人惊讶之处,而且儿童在学习母语的同时也同样接纳了这个社会的习俗,在其中儿童逐渐形成了信念、期望,他们的思维方式、情感好恶也就都形成了固定的倾向而不会轻易改变。然而,人们也认识到,人类的生活虽然依附于传统甚至把传统习俗神圣化,但是也有不屈服传统的相对主义思想。"当年轻人日益认识到我们总是将传统的等同于正确的时候,他们要继续保持追寻道德上的可辩护的东西就会显得特别困难。帮助这些未来的成人做好准备去利用习俗而不被之征服,此乃教育制度的职责所在;并且我们学校和其他教育结构应当对神圣化的压力保持高度敏感。"[2]所以在杜威的眼里,即使是民主的社会,也需要人们不断地改造来适应新的变化,因此,年轻人在社会改造中的作用是最重要的,由此,教育就是民主社会理想的必要手段。教育要把我们过去的经验与现在未来发生联系,"教育必须有助于让未来更多地

---

[1] 拉里·希克曼主编,徐陶等译.阅读杜威:为后现代做的阐释[M].北京:北京大学出版社,2010.40—41.

[2] 拉里·希克曼主编,徐陶等译.阅读杜威:为后现代做的阐释[M].北京:北京大学出版社,2010.42.

思考社会,它必须有助于指导社会去思考如何发现和处理共同问题"。[1]

(二)学校教育在改良社会中的优越性

杜威把教育当成是改造社会的手段,在于杜威看到了教育对于社会中年轻个体的重要作用。

社会的改良全依赖学校。因为学校是造成新社会的、去掉旧弊向新的方面发展的,且含有不曾发现的能力预备儿童替社会做事的一大工具。许多旁的机关都不及它。例如,警察、法律、政治等,也未始不是改良社会的东西,但它们有它们根本的大阻力,这个大阻力唯有学校能征服它。

有两个理由可以证明,别的机关虽然也是旨在改良习惯,而一定不能做到与学校同样的进步,就是别的机关无论有多大的能力,它的效果一定不及教育。第一,因为这种机关是管理成人的,成人的习惯早已固定了,很不容易使他改变;即使他们受了教育的影响,当时承认改变了,但一到外面恶社会里头,他的决心便立刻消灭了。所以第一个理由便是环境的不良。这有两个理由,我们费了许多的精神想去改变成人的性质,实在是一大悲剧。至于学校内的许多儿童,性质既没有固定、习惯也未曾养成,倘能施以良好的教育,尽可有任人伸缩的余地。至于他的环境虽然也和社会生活一样,但这学校内的生活却与平常外边的社会生活不同。因为它曾经一度选择过的,比较格外的精彩。这就是别的机关改良社会的能力一定不能及学校的缘故。[2]

---

[1] 拉里·希克曼主编,徐陶等译.阅读杜威:为后现代做的阐释[M].北京:北京大学出版社,2010.52—53.

[2] 单中惠、王凤玉主编.杜威在华教育演讲[M].北京:教育科学出版社,2007.24.

　　杜威之所以重视学校教育在改造社会方面的作用,关键还在于他看到了儿童的可塑性,人性可变化的方面。

　　杜威曾经到中国访问,经历了中国的五四运动,看到了中国的社会状况,对此也发表了教育与社会发展之间的看法,再一次表达了民主社会需要教育的重要观点。他说:"教育对于国家社会的幸福,是事实的,非理想的,中国不能出此范围。中国精神财产,或用于精神教育,或用于武备,不偏于此,则偏于彼。人乃国家最重要的,无论男女,必借教育发展其本能。"[1]通过教育改造社会。所以中国的很多人都受到杜威的影响,留学美国的时候都学习教育学,回国后创办学校,践行教育救国的方针。虽然中国的实践表明,教育救国是不可能的,但是我们也不得不承认,没有教育,救国也是万万不能的。

[1]　单中惠、王凤玉主编.杜威在华教育演讲[M].北京:教育科学出版社,2007.171.

第四章　民主社会需要什么样的教育

关于民主主义与教育的关系，杜威有两部著作，这两部著作体现了杜威在教育方面的理想，我们分别加以解读。

一　《我的教育信条》

如果想快速了解教育是如何来实现民主社会的，就要阅读《我的教育信条》。杜威的《我的教育信条》集中体现了他把教育当成是民主社会实现的重要手段。《我的教育信条》是杜威早期作品，1897年，38岁的杜威发表了这样一部振奋人心的作品。在中国处在社会转型期的今天，我们带着复杂的心情阅读杜威的这篇文章的时候，顿时有了一种使命感，因为《我的教育信条》最后几句话："每个教师都应该认识到自己职业的尊严；教师是社会的公仆，被专门从人群中选出来，负有维持正当的社会秩序并确保社会健康发展的使命。从这个方面说，教师永远是真正福音的先知，是真正天国的引路人。"[1]阅读《我的教育信条》，让人能感受到美国人的乐观主义精神和实用主义精神，然而历史发展到今天，人类经历了两次世界大战，人类民主社会的形式也是多种多样的，杜威的教育信条看起来并不再是那么让人振奋人心。我们必须得知道杜威写作他的教育信条的历史背景。19世纪末期的美国社会正处在转型期，而当时的教育是无效和僵化的，杜威对当时的教育要进行矫正。而要想了解民主社会的教育到底是什么样的，阅读《我的教育信条》是最好的选择。

---

[1]　杜威著，彭正梅译.经验·民主·教育[M].上海：上海人民出版社，2009.13.

杜威的第一条教育信条是关于什么是教育。

我相信——一切教育都是通过个人参与人类的社会意识而进行的。这个过程几乎是在出生时就在无意识中开始了。它不断地发展个人的能力，熏染他的意识，形成他的习惯，锻炼他的思想，并激发他的感情和情绪。由于这种不知不觉的教育，个人便渐渐分享人类曾经积累下来的智慧和道德的财富。它就成为一个固有文化资本的继承者。世界上最形式的、最专门的教育不能离开这个普遍的过程。教育只能按照某种特定的方向，把这个过程组织起来或者区分出来。

杜威的第二条教育信条讲的是"什么是学校"。

我相信——学校主要是一种社会组织。教育既然是一种社会过程，学校便是社会生活的一种形式。在这种社会生活的形式里，凡能最有效地培养儿童分享人类所继承下来的财富以及为了社会的目的而运用自己的能力的一切手段，都被集中起来。

因此，教育是生活的过程，而不是将来生活的预备。学校必须呈现现在的生活——即对于儿童说来是真实而生气勃勃的生活。像他们在家庭里、在邻里间、在运动场上所经历的生活那样。

杜威的第三条教育信条是关于什么是教材。

我相信——儿童的社会生活是他的一切训练或生长的集中或相互联系的基础。社会生活给予他一切努力和一切成就的不自觉的统一性和背景。学校课程的内容应当注意到从社会生活的最初不自觉的统一体中逐渐分化出来。

因此,学校科目相互联系的真正中心,不是科学,不是文学,不是历史,不是地理,而是儿童本身的社会活动。

教育不能在科学的研究或所谓自然研究中予以统一,因为离开了人类的活动,自然本身并不是一个统一体;自然本身是时间和空间里许多形形色色的东西,要自然本身作为工作的中心,那便是提供一个分散的原理,而不是集中的原理。

杜威第四条教育信条是关于方法的性质。

我相信——方法的问题最后可以归结为儿童的能力和兴趣发展的顺序问题。提供教材和处理教材的法则就是包含在儿童自己本性之中的法则。由于情况正是这样,我认为下面的论述,对于决定教育所赖以进行的那种精神是极端重要的。

(1) 在儿童本性的发展上,主动的方面先于被动的方面;表达先于有意识的印象,肌肉的发育先于感官的发育,动作先于有意识的感觉;我相信意识在本质上是运动或冲动的;有意识的状态往往在行动中表现自己。对于这个原理的忽视便是学校工作中大部分的时间和精力浪费的原因。儿童被置身于被动的、接受的或吸收的状态中,情况不允许儿童遵循自己本性的法则:结果造成阻力和浪费。

(2) 表象是教学的重要工具。儿童从他所见的东西中所得到的不过是他依照这个东西在自己心中形成的表象而已。

(3) 兴趣是生长中的能力的信号和象征。我相信,兴趣显示着最初出现的能力,因此,经常而细心地观察儿童的兴趣,对于教育者是最重要的。

(4) 情绪是行动的反应。力图刺激或引起情绪而不顾与此情绪相应的活动,便等于导致一种不健全的和病态的心理状态。

杜威的第五条教育信条是关于学校与社会进步。

我相信——教育是社会进步及社会改革的基本方法。改革仅仅依赖法规的制定，或是惩罚的威胁，或仅仅依赖改变机械的或外在的安排，都是暂时性的、无效的。教育是达到分享社会意识过程中的一种调节作用，而以这种社会意识为基础的个人活动的适应是社会改造的唯一可靠的方法。

在理想的学校里，我们得到了个人主义和集体组织的理想之间的调和。因此，社会对于教育的责任便是它的至高无上的道德责任。通过法律和惩罚，通过社会的鼓动和讨论，社会就会以一种多少有些机遇性和偶然性的方式来调整和形成它自身。但是通过教育，社会却能够明确地表达它自己的目的，能够组织自己的方法和手段，因而能明确地和有效地朝着它所希望的前进目标塑造自身。

当社会一旦承认了朝着这种目标前进的可能性以及这些可能性所赋予的义务，人们便不可能去设想听任教育者随意地使用时间、注意力和金钱等资源。为了提醒社会认识到学校奋斗的目标，并唤起社会认识到给予教育者充分设备来进行其事业的必要性，坚持学校是社会进步和改革的基本的和最有效的工具，是每个对教育事业感兴趣的人的任务。

做这样设想的教育是标志着人类经验中所能想象得到的科学和艺术最完善、最密切的结合。这样形成人类的各种能力并使它们适应社会事业的艺术是最崇高的艺术；能够完成这种艺术的人，便是最好的艺术家；对于这种事业，不论具有任何实践、同情机制和行政的能力，都不会是多余的。心理学事业的发展增长了对于个人的心理结构和生长法则的观察能力；社会科学的发展增长了我们关于正确组织个人的指示，一切科学的资源都可以为教育的目的而使用。

当科学和艺术这样携手以后，支配人类行动的最高动机已经达到了，人类行为的真正动力将被激发起来，人类本性中可能达到的最好的事业便有保障了。

最后，教师不是简单的从事于训练一个人，而是从事于适当的社会生活的形成。每个教师应当认识到他的职业的尊严；他是社会的公仆，专门从事于维持正常的社会秩序并谋求正确的社会生长的事业。这样，教师总是真正上帝的代言者，真正天国的引路人。

杜威为了实现其民主主义的理想，提出了振聋发聩的呐喊，把教育当成是实现民主社会的手段。《我的教育信条》是杜威以通俗易懂的语言对教育理想的表达。但是站在杜威的前提上，思维在杜威生活的时代里，杜威的思想主张自成系统，然而杜威有其时代局限性，使得他的民主教育主张无法实现其民主社会的理想。杜威其后的思想家并没有在杜威的思想轨迹里继续。杜威看到了美国当时社会中的种族歧视、劳心者和劳力者分离的现象，试图通过教育改变社会的这种状况，他采取的方式就是实验主义的，然而这只是杜威个人的一厢情愿。杜威之后的教育理论和教育实践并没有按照杜威的思路发展。但杜威的思想依然对我们今天的世界有着重要的启示。而杜威对其教育思想加以详细阐述的著作是《民主主义与教育》。在这部著作中，杜威对能改造社会的教育主张进行了详细的分析。

二 《民主主义与教育》

体现杜威民主与教育核心观点的著作是《民主主义与教育》，它于1916年出版，出版之后就获得了广泛的认可，杜威本人也把这本著作当成是他对教育哲学最完整、最详细的阐述，这部著作也确立了杜威在美国教育界的地位，使他被誉为美国最有创建性和最为渊博的教育家,并开始成为在全世界都享有盛誉的教育家。杜威的思想具有系统性,他的哲学、心理学等思想就是他教育思想的基础。在上一篇中我们把这部著作解构开来,与他的哲学思想结合在一起思考,在本章,我们则要以这部著作为核心仔细思考杜威何以如此主张,当然也不局限于这部著作。

杜威对教育的基本看法就是把教育看成是生活。

1.教育是生活、生长、经验的改组和改造

教育是生活。在杜威看来,无论是广义的教育,还是狭义的教育,首先是传递人类的生活经验、丰富人类的生活内容,增强人们适应社会生活的能力。没有教育即不能生活,所以,教育即生活。杜威是从人类存在的角度来分析这一主张的,"努力使自己继续不断地生存,这是生活的本性。因为生活的延续只能通过经久的更新才能达到,所以生活便是一个自我更新的过程。教育和社会生活的关系,正如营养和生殖和生理及生活的关系一样。这种教育首先是通过沟通进行传递。在个人经验成为共同财富以前,沟通乃是一个共同参与经验的过程,通过沟通,参与经验的双方的倾向有所变化"。[1]杜威批判了英国教育家斯宾塞曾提出"生活准备说",斯宾塞把教育看成是为未来社会完满的生活做准备。而杜威则认为如果把教育当成是未来生活的预备,那么就会耽误学生的光阴。"学生知所学的东西用处很远,与现在没有关系,于是且把这些东西搁下,先做那些与现在生活有关的游戏,玩耍去了,因为他们的目光很近,只知道趣味都在日前,自然把几十年后比较不亲近的事挤出去了,搁下去了"。[2]把教育

[1] 杜威著,王承绪译.民主主义与教育[M].北京:人民教育出版社,1990.10.
[2] 单中惠、王凤玉主编.杜威在华教育演讲[M].北京:教育科学出版社,2007.30.

当成未来生活的预备也会减少学生对于现在生活的兴趣。"不注意于现在而希望将来，这有很大的危险性。有几派宗教和哲学也有这种弊端，往往悬一个很远的将来的目的，如天国、净土、极乐世界等，而对于现在的生活却很不注意。信仰的人渐渐养成一种坏的心理。其结果于世界文化的进步大受影响。宗教和哲学的出世主义希望将来而不注重现世，比较起来还算有理由。因为他们都是成人，对于现世都已尝过滋味或有失意的经验，所以假设将来，实为解脱现在。但是教育，可谓毫无理由。儿童对于现在的生活兴趣正浓正厚，而教育者偏要用这种顶悬将来目的的教育方法，实在是一件最不合自然、最反乎常理的事。观于督察学生成绩的方法可以知之：考试咧、赏罚咧，想尽种种方法督促他们用功。因为所悬目的在于将来，自然不得不如此"。[1]杜威的主张就是教育必须和儿童的日常生活联系，生活是指儿童的现实生活。教育应与儿童的日常生活融为一体，教学要以目前的社会生活情境为主要内容。他认为，脱离儿童的实际生活，孤立地传授抽象的生活经验，儿童既对它不感兴趣，也难以理解和接受。杜威说："譬如一个学化学的人，对于所学的东西只认为是化学科的东西，化学教室里的东西，徒然记着许多符号、公式和种种实验把戏。你若问他应用方面的，如肥皂怎样造、为什么可以去洗衣服上面的污渍，他就不知道了。学植物、学动物的人也都是如此。这种现象本来不能怪他，因为他本不知道所学的东西与人生日用有什么关系。所以，教育的人要是不把人生日用的实际生活放在心头，那么什么学科都会得到与旧式读经和宗教问答的同样坏结果。"[2]

　　教育即生长。杜威说："生长是生活的特征，所以教育就是不断生长；在它自身之外，没有别的目的。学校教育的价值，它的标准，就看它创造继续生长的

---

[1]　单中惠、王凤玉主编.杜威在华教育演讲[M].北京:教育科学出版社,2007.30-31.

[2]　单中惠、王凤玉主编.杜威在华教育演讲[M].北京:教育科学出版社,2007.10.

愿望到什么程度，看它为实现这种愿望提供方法到什么程度。"[1]从这个角度讲，教育就是生长。杜威的思想有很多来自于达尔文的生物学思想，而生长就是一个生物学概念。因此，从生物的角度讲，"教育是一种自我的发展，是受教育者渐次发展他固有的能力。这种发展不是从外面加入，乃是内部发生的。大凡一切生物都能够生长。生长是生命的表示，有生命总有生长。所以，生命就是生长，生长就是生命。一棵植物的种子，有生长的技能在它的里面，所以它能自己生长。一块死的物件，不能生长，因为它没有生命"。[2]处在社会生活中的青少年拥有生长的潜力，随着生长的进程，各方面的潜能逐渐地发展出来，所以生活本身是非常重要的。"社会通过对青少年活动的指导来决定他们的未来，也因而决定社会自己的未来。由于这些青少年将在未来的时间组成那个时代的社会，因此，未来时代的社会性质，基本上将取决于之前的儿童活动以及对这种活动的指导。这个朝着后来结果的累积性的运动，就是生长的含义。"[3]杜威说，生长有两个条件，一个是未成熟的状态。人的未成熟状态说明人有发展的能量和潜力。很多动物生下来就能走会跳，除了天生的能力外再也发展不出其他的能力，人生下来虽然弱小，但是拥有无限的发展潜力。如果生下来就什么都会那么也就没有发展的潜力了，恰恰是人类的未成熟状态使人类的生长得以可能。所以生长的第二个条件就是人的可塑性。婴儿在与环境的互动过程中能力不断获得增长。儿童在生活中不断地生长，教育也就是生长。在这方面，杜威也表达了终身教育的思想，他说："学校教育的目的在于通过组织保证生长的各种力量，以保证教育得以继续进行。使人乐于从生活本身学习，并乐于把生活

---

[1] 杜威著，王承绪译.民主主义与教育[M].北京：人民教育出版社，1990.57.

[2] 单中惠、王凤玉主编.杜威在华教育演讲[M].北京：教育科学出版社，2007.95.

[3] 杜威著，彭正梅译.经验·民主·教育[M].上海：上海人民出版社，2009.59.

条件营造出一种境界，使人人在生活过程中学习。"[1]儿童若想生活下去必须学会和周围环境的互动，学会创造新的认识形势，需要改进自己的方法，并且把这些方法整合进自己的经验中。

教育即经验的改造。杜威的民主社会是一个有利于交流经验的社会，所以这种民主社会所需要的是属于经验、为了经验和通过经验的教育。可以说，"经验"是杜威思想的关键词。[2]儿童学习生活经验的过程实是经验改造的过程。经验是机体与环境相互作用的过程，在这个过程中儿童的经验不断地获得改组和改造。杜威曾经举过一个例子，"一个儿童伸手去碰火光，烫痛了，从此以后，他知道某个接触活动或某个视觉活动联系起来（反过来，某个视觉活动和某个接触活动联系起来）就意味着烫和痛；或者知道光就是热的来源，一个科学家在他的实验室里通过多种活动学到更多有关火焰的知识，在原理上毫无区别"。[3]从这个意义上讲，"做中学"就是杜威倡导的方式了。

在民主社会中，教育就是通过经验和为了经验的教育，民主的信念实际上就是相信经验的进程比获得任何特定的结果更为重要，所以教育是过程的教育。

杜威的观点并不是真理，实际上，教育与日常生活还是有距离的，但是教育的确要考虑到学生的生活，我们可以通过两个案例思考杜威的观点。

案例：关于标准答案

一堂公开课上，一位小学语文教师让学生回答一个课本上的问题："萤火虫燃烧了自己，然后怎么了？"没有孩子举手，老师叫了一个孩子回答，他说："萤火虫燃烧

---

[1] 杜威著，王承绪译.民主主义与教育[M].北京：人民教育出版社，1990.55.

[2] 杜威著，彭正梅译.经验·民主·教育[M].上海：上海人民出版社，2009.59.

[3] 杜威著，王承绪译.民主主义与教育[M].北京：人民教育出版社，1990.82.

了自己，它没怎么。"老师叫他坐下后，很焦急地鼓励孩子，让大家再仔细想想。突然有个孩子举手，老师很高兴，赶紧叫他回答，他说："萤火虫燃烧了自己，它死了。"老师面无表情地叫他坐下，又继续鼓励孩子在书上找答案，终于有个孩子答出来了："萤火虫燃烧了自己，照亮了人间！"这时老师焦急的脸上终于露出了笑容。

女儿在小学一年级读书。一日，她拿回一张数学试卷。考试错了两道题，女儿似乎很委屈，眼泪在眼眶里直打转。我拿过试卷一看，其中一道题是"看图列算式"：在树枝上画着三只小鸟，其中两只已展翅飞离树枝，图下方为：3-□=□，女儿在方框内填的是3-3=0。她的理解是，其他两只小鸟飞走了，另一只小鸟也张开翅膀了，也应该会飞走的。而标准答案为3-2=1。

这两个案例都是关于标准答案的，而标准答案实际上忽视了学生的生活，这里边被教师认为错误的答案其实都是学生生活的体验，而教育则抹杀了学生体验到的生活色彩，案例从反面证明了杜威的观点对我们今天依然有着重要的启示。

2.教育目的论

杜威被认为是教育上无目的的主张者，如果我们用比较严谨的词汇来表达杜威的观点，杜威并不是无目的的主张者，他只是反对外在的教育目的。杜威认为，教育就是生长，生长就是目的，所以除了生长之外教育没有其他的目的，也就是说，教育的目的只能存在于教育的过程之中，教育并没有过程以外的目的。教师、家长、社会、政治会有自己的目的，而这些固定的和呆板的目的无法保证经验的连续性。杜威提出了好的教育目的的三个标准。

(1) 一个教育目的必须根据受教育者的特定个人的固有活动和需要（包括原始

的本能和获得的习惯）。我们前面讲过，把预备作为教育目的，有不顾个人现有能力而把某种遥远的成就和职责作为教育目的的倾向。总的看来，人们有一种倾向，就是提出千篇一律的目的，忽视个人的特殊能力和要求，忘记了一切只是都是一个人在特定时间和特定地点获得的。

（2）一个教育目的必须能转化为与受教育者活动进行合作的方法。这个目的必须提出一种解放和组织他们的能力所需要的环境。除非这个目的有助于制定具体的进行程序，除非这些程序又能检验、校正和发挥这个目的，否则这个目的便是没有价值的。

（3）教育者必须警惕所谓一般的和终极的目的。每一个活动无论怎样特殊，就它和其他事物的错综复杂的关系来说，它当然是一般的，因而它引出无数其他事物。一个普通的观念，就它能使我们更注意这些关系来说，愈一般愈好。但是"一般"也意味着抽象，或者和一切特殊的上下前后关系分开。这种抽象性又意味着遥远而不切实际……例如一个农民，他所考虑的相互影响的力量愈多，他直接的应付能力就愈大。他将发现更多可能的出发点和更多的方法，完成他所要做的事情。一个人对将来可能成就的认识愈全面，他当前的活动就愈少束缚于少数可供选择的方法。如果他了解得很透彻，他几乎可以在任何一点开始行动，并且不断地、有成效地持续活动下去。[1]

从杜威提出的好的教育目的的特征可以看出，杜威之所以反对外在的教育目的，与其民主主义的社会理想是密切相关的。民主社会就是杜威的教育目的，否则，他的民主主义理想何以实现呢。杜威认为传统的教育最大的缺点就是把儿童的生活和教育分离开来，这不是民主的教育，也不是民主社会中应该有的教育。为了拯救危机，教育必须肩负起它的使命来。杜威认为教育就是生

---

[1]　杜威著, 王承绪译.民主主义与教育[M].北京: 人民教育出版社, 1990.115-116.

长和生活，只有这样的教育才能让儿童懂得民主，从而成为民主社会的合格公民。他认为儿童自己动手操作的活动有助于儿童之间的交往与合作，能让儿童从小就培养起民主的生活态度与生活仪式。在学校成为社会的雏形的基础上，儿童通过各种各样的活动从而培养起公民意识，那么长大的儿童就会成为民主社会的合格公民。这就是他认为学校即社会的这个思想的逻辑。在这个基础上，我们来分析一下杜威的教育目的观。杜威认为教育没有外在的目的，教育本身就是教育的目的，所以很多人认为杜威是持有教育无目的的观点。其实这是对杜威的误解。杜威认为在民主主义的社会中，在民主主义的教育中，教育不需要外在的目的，不需要一个外在的目的来约束教育的发展，因此，教育没有外在的目的。

杜威在中国讲学的时候又提到教育是有目的的。杜威说："教育的目的——民治国家尤其如此——是要养成做社会的良好分子的公民。详言之，就是社会各分子能承受社会的过去或现在的各种经验，不但被动地吸收，还须每人同时做一个发射的中心，使他所承受的及发射的都贡献到别的公民心里去，也来加入社会的活动。"[1]有人把这当成杜威教育思想中的矛盾。其实这并不矛盾，因为民主的民主社会尽管遇到了危机但在杜威眼睛里还是很民主的，美国的民主社会里的民主教育自然不需要外在的目的，但是在一个民主尚未发展起来的中国，教育是需要一个目的来指引教育发展的，而这个目的就是民主社会的合格公民。对杜威来说，培养合格的社会公民实际上就是让个体意识到共同生活，并且敏感地忠诚于它的社会生活。"教育必须帮助我们变得更加具有批判精神，更能认识到价值，更能意识到社会进步之可能性的性质。这样，学生和成人能够发展'聪明地判断人和手段之能力，去在制定和服从规则之活动中承担确定的职能'。""教育的终极目标是产生能够做出合理判断的成人，能够

---

[1] 单中惠、王凤玉主编.杜威在华教育演讲[M].北京:教育科学出版社,2007.22.

关于人类生存之问题'做出中肯的、有洞察力的判断'的人。"[1]杜威还提出，要想培养这样良好的社会公民，学校还需做到三点："（1）使儿童有对于社会尽义务的兴趣或心愿不是强迫的，是从感情发生的。（2）知识方面，使他知道社会生活和社会需要什么。（3）单知道他的需要还没有用，还要训练出一种本领去适应社会的需要。所以教育者又应该从技能方面下手。"[2]

3.课程论

儿童距离成年人的生活很远，教育要想做好自己摆渡船的职责，必须要提供适应儿童生活的课程。传统的教材把儿童和社会生活隔离开来，以至于造成了学科中心论，使得儿童生活的整体性与分科分立的知识形成了对立，也使得儿童的情感与活动与教材的逻辑和抽象原理也形成了对立。在民主社会中，为了实现民主的理想，学校的课程必须与儿童的生活相联系，不能超越儿童的经验。杜威认为，成年人以社会控制的方式控制儿童是不符合民主社会利益的教育方式。要想培养儿童的民主的品格，在课程上就不能把儿童局限在间接经验的书本上，而是要把儿童引向社会生活的模式。让儿童在全面参与与共同交流中养成民主的各种品格。就是在这个意义，我们才把杜威的观点称为"学校即社会"，所以杜威才在自己的实验学校采取"做中学"的教育方式。

除此之外，在课程的组织形式上，杜威主张心理学化的组织方式。对于学科的逻辑化的编排方式是专家和行家所使用的结构形式，这种形式期待学生能进一步探索发现。但是由于这种编排方式只考虑到了儿童学习的结果而忽视了儿童学习的过程，无法引起学生的兴趣和需求。而心理学化的编排方式则是

---

[1] 拉里·希克曼主编，徐陶等译.阅读杜威：为后现代做的阐释[M].北京：北京大学出版社，2010.53，53—54.

[2] 单中惠、王凤玉主编.杜威在华教育演讲[M].北京：教育科学出版社，2007.22—23.

依照儿童的心理发展规律、贴近儿童的经验。好的教材并不是儿童的经验之外的固定不变的东西。"教育上的教材首先由供给现在社会生活内容的种种意义所构成。所谓社会生活的连续性，就是说，在这些意义中有许多是过去的集体经验贡献给现在的活动。由于社会生活发展得更为复杂，这些因素在数量上和意义上也随之增加。对这些材料需要加以特别的选择、表述和组织，使它适当地传授给新的一代。但是，正是这种过程往往提出一种教材，以为离开教材促使年轻人认识他们现在经验中所含意义的作用，教材自身就有价值。特别是教育者易受诱惑，以为他的任务就是使学生能掌握和复述指定的教材，不考虑把教材组织到作为发展中的社会成员的学生的活动中去。如果学生开始学习的东西是社会根源和应用的主动的作业；通过把更有经验的人所传授的观念和事实吸收到他自己更为直接的经验中去，这样我们所主张的积极的原理就得到维护了。"[1]总的来讲，杜威课程论的特征如下：第一，课程时刻注意以儿童为中心，教材要适合儿童实际，使儿童能理解、选用。第二，注意教材与社会生活的联系。如果教材不和日常生活的现实情况相融合，就没有现实的感觉，学生也就缺乏学习的动机。第三，在学科结构上，主张人文学科与自然学科兼有。第四，强调学科之间的联系和一门学科的多种价值，各种科目和活动是整体的组成部分，一门科目具有多种价值，例如数学具有训练的价值、逻辑的价值、实用的价值、文化修养的价值、宗教的价值等。杜威对课程的所有主张都是希望儿童能够通过经验学习，在经验的改组与改造中认同民主社会的价值观。

我们需要注意的是，杜威的确主张儿童中心，但是我们必须把杜威和浪漫主义分开。杜威认为，主张以儿童为中心的浪漫派针对传统教育实践的缺陷提出了改革的方法，但是这种改革方案只是简单地否定了传统，并没有提出切实

[1] 杜威著，王承绪译.民主主义与教育[M].北京：人民教育出版社，1990.205—206.

可行的教育方式。他们只是在否定旧式教育的同时走向了另一个极端。杜威把那种浪漫主义的儿童中心论者称为"自由党"。自由党的教育方针是"让我们利用特定的材料、工具和器械把学生团团围住，然后让学生按照自己的想法对这些东西产生反应。最重要的是，我们不该向学生按照自己的想法对这些东西产生反应。最重要的是，我们不该向学生指示任何目的或计划；我们不该告诉学生他们该做些什么，因为那将是对学生神圣的学习个性的侵犯，而这种个性的本质就是树立目的和目标"。[1]而杜威对这样的浪漫主义的做法做出了中肯的评价，就是认为他们的做法是愚蠢的。杜威认为："因为这种方法试图达成不可能实现的目的，这总是很蠢的做法；这种方法误解独立思考的条件。对于周围条件做出反应的方式有许多，如果没有来自于经验的某些指导，这些反应几乎肯定是随意的、断续的，也最终令人感到疲惫，还会带来精神压力。因为教师比学生更富有经验，所以他们有权利，事实上也有责任告诉学生该做些什么（浪漫派未能够认识到，在他们为学生提供的材料中已经蕴含的指导究竟达到了何种程度）。教师的建议，而非教师的命令与来自无法控制的任何来源的建议相比，可能会更加有助于真正地形成和促进严格意义上的个人能力的发展。"[2]

　　杜威热情参与教育改革的时代正好是美国进步主义教育的时代。进步主义改革者创办了很多新式的学校，虽然杜威对这些新式学校也持有肯定的态度，但杜威也对一些不好的做法提出批评。当时曾经有一个漫画讽刺这种浪漫派进步主义者的做法，画面是一个愁容满面的小女孩问自己的老师，"我们今天必须想做什么就做什么吗"？浪漫派把儿童当成中心，强调的是儿童的消极自由。英国哲学家以赛亚·柏林[3]区分了积极自由和消极自由，积极自由就是可

---

[1]　罗伯特·威斯布鲁克著.杜威与美国民主[M].北京：北京大学出版社, 2010.529.

[2]　罗伯特·威斯布鲁克著.杜威与美国民主[M].北京：北京大学出版社, 2010.530.

[3]　以赛亚·伯林是20世纪最杰出的自由主义思想家之一。1997年去世，享年88岁，出生在苏联，成长在英国。

以做什么的自由，消极自由是免于做什么的自由。杜威认为，浪漫派的错误就在于过分重视了儿童的消极自由，而没有把消极自由当成是促进儿童积极自由的手段。杜威认为，教师的任务并不是容许儿童任意挥洒自己的冲动，而是指导儿童，使儿童的冲动能够获得智慧的引导，让儿童学会自我控制。

一般人们把杜威和克伯屈的思想放在一起共同当作进步主义教育思想，但实际上，杜威也批判进步主义者。"虽然在批判进步主义教育改革时，杜威很少会指名道姓，但是，杜威所批判的主要对象就是他在哥伦比亚大学教师学院的同事威廉·H·克伯屈。克伯屈的'方案教学法'，[1]也许是以儿童为中心的进步主义教育理论所引发的最有影响力的实践课程改革方案。"[2]克伯屈把自己当成杜威的学生，但是杜威并不完全赞成克伯屈的工作。杜威实际上既不是儿童中心的主张者，也不是教师中心的主张者，也不是教育内容中心的主张者，而是力图在三者中间的立场。杜威指出，"以儿童为中心的进步主义教育理论几乎完全没有考虑到教育的'社会潜能'，推行进步主义教育令学生感到愉悦，但却忽视了如何才能培养学生对于当代社会生活的理解以及相关的能力。能够丰富学生内心生活的'教育固然是重要的，但是鉴于进步主义教育所存在的问题，我们必须保证在实现以上结果的过程中，不能够忽视或轻视为应对工业和政治文明的社会现实——包括罪恶+所做的准备'。杜威不无悲哀地指出，浪漫派进步主义教育理论的确增强了中上层阶级的审美能力，但却根本无助于学生'深入理解工业和城市文明中的基本的作用因素'。只有做到了这一点的学校才有资格称得上是对'社会形成重要影响的推行进步主义的学校'"。[3]

---

[1] 此教学法也被称为设计教学法。

[2] 罗伯特·威斯布鲁克著.杜威与美国民主[M].北京：北京大学出版社，2010.530—531.

[3] 罗伯特·威斯布鲁克著.杜威与美国民主[M].北京：北京大学出版社，2010.532—533.

4.教学论

杜威以他的实验主义思维在教育与民主社会之间建立起了沟通。杜威深受实验主义的自然科学影响。他认为,民主社会需要的是民主的思维,而民主的思维就是科学的思维,教育要培养儿童运用科学思维解决问题。关于思维的问题笔者已经在第一篇中介绍过,在此不再详细叙述杜威主张,但是有必要说明一下,为何杜威认为民主的问题需要科学的思维,所以在教学论上主张思维为本,培养儿童科学的思维,以此培养儿童民主的态度。

杜威重视在教学中通过反省思维培养儿童良好的思想品质。而杜威重视科学思维的原因,是因为杜威认为在民主社会当思考互相矛盾的目标和价值观的时候,科学思维会有所帮助,因为民主社会的善是不能用感官体验的,而且善也是不能精确测量的,从这个意义上讲,科学思维对人类社会来讲,是一种实践智慧和实践理性。在杜威看来,科学判断并不是一门属于科学家的专利,在日常生活中每个人都需要科学判断。杜威认为儿童天生的、自然的倾向中包含着强烈的好奇心、丰富的想象力,这种态度与科学家是十分接近的。因此科学精神、科学思维就是人类展开生活的可靠工具。学会思考是民主社会所有成员都需要具备的品质。民主社会中并不是每个人都要成为科学家,但是每个人都需要具备科学家的思维品质。杜威认为,自由探究、宽容不同的观点对民主社会来说是最重要的,而科学思维则提供了有效的方法,科学思维并不垄断任何观点,也不强迫任何观点的永恒正确性。因此科学思维或者说反省思维在本质上就是社会性的,就是民主的。

此外,运用对话和探究的方式进行教育在杜威看来还有美学的成分,"'探究是对不确定的情境进行有控制的或有指导的转变,将其转变为在构成特征和关系上非常确定的情境,以至于最初情境中的因素被转化为统一的整体.'理智的探究可以艺术地将不稳定的、困难重重的或令人迷惑不解的情境转化为美丽、和谐而相对稳定的形态".[1]也就是说,在教育的过程中,由不确定性创造性地实现确定性的过程中是充满了美感的,人类的语言连接着这个存在的世界和这个世界的本质,"我们从存在中抽取本质,就如同我们在酿制葡萄酒过程中对葡萄'精华'的处理。刚开始时我们先从存在中挤压出意义,就如同榨酒机从葡萄中榨取果汁一样。语言的作用就像最终制造出'葡萄精华'(葡萄酒)过程中的那个榨酒机一样,一旦意义出现,我们就可以进一步将其提炼为逻辑本质,这就是探究的成果".[2]在这个过程中学生的思维情境从不确定性走向了确定性,这是能够引起学生学习兴趣的。

5.教育即职业教育

自古以来,一直存在着自由教育和职业教育的对立,也就导致了为有用劳动作准备的教育和为闲暇生活做准备的教育。"自由教育与职业技术教育的分离可以追溯到古希腊时代,它是明确地根据把社会阶级分成必须为谋生而劳动的阶级和可以免予劳动的阶级区分提出的,认为适合于后一个阶级的人的自由教育在本质上高于给予前一个阶级的奴役训练。这种思想反映这样的事实,即一个阶级是自由的,而另一个阶级的社会地位是奴役于人的。这另一个阶级不仅要为维持自己的生计而劳动,而且要为上等阶级提供生活资料,使他们不必亲自从事职业,这种工作几乎要花掉他们全部时间而且在性质上无须使用智

---

[1] 拉里·希克曼主编,徐陶等译.阅读杜威:为后现代做的阐释[M].北京:北京大学出版社,2010.84.

[2] 拉里·希克曼主编,徐陶等译.阅读杜威:为后现代做的阐释[M].北京:北京大学出版社,2010.85.

力，或不能获得智力"。[1]这就是导致阶级社会的根源。面对这种阶级对立，杜威并没有采取革命的方式，而是通过改革教育来实现。在民主社会，所有的体力劳动、工商业工作和对社会的服务性工作所获得的尊重都日益增加，因此他们获得休闲是因为他们服务了社会，任何一个阶层都不应该享受特权。"民主社会的教育问题在于消除教育上的二元论，制定一种课程，使思想成为每个人自由实践的指导，并使闲暇成为接受服务责任的报偿，而不是获免服务的状态"。[2]所以为了实现民主主义的社会，这种普通教育和职业教育的对立也是杜威要批判和改变的。"民主的社会团体的教育任务，在于和这种隔离孤立的现象做斗争，使各种利益能相互支援和相互影响"。[3]杜威希望在民主社会中，人人都应该从事一种使别人的生活更有价值、使人与人之间的隔阂能够打破的生活。

杜威之所以批判普通教育和职业教育的二元对立，其主要原因在于杜威关注到了当时的社会历史背景。正是由于当时的社会发展状况，杜威才特别强调打破普通教育和职业教育的对立。19世纪末期的美国教育界人士对职业教育的发展展开了激烈的辩论，杜威也参加了这一辩论。"这场辩论是由1906年马萨诸塞州工业及教育委员会的报告引发的。报告指出，马萨诸塞州有成千上万的失学青少年。他们作为产业工人没有出路，没有提升的希望，因为他们没有必要的技能。受访的青少年说，他们辍学的原因并非是迫于为家庭增加收入的压力，而是因为学校课程内容对他们并无益处，令人乏味。报告的结论是，学校没能给儿童提供'工业智慧'，因此呼吁中等学校由'文化'教育转向职业教育。这项研究报告使教育批评人士的士气大振，他们中的许多人很赞赏德国的教

---

[1]　杜威著，王承绪译.民主主义与教育[M].北京：人民教育出版社，1990.265-266.

[2]　杜威著，王承绪译.民主主义与教育[M].北京：人民教育出版社，1990.276.

[3]　杜威著，王承绪译.民主主义与教育[M].北京：人民教育出版社，1990.264.

育制度,因为在德国,被认为不适合大学教育的人会被送去接受职业和技术教育”。[1]在这场辩论中,职业教育的发展获得了很多人的支持与肯定,只是不同的支持者由于各自的利益与动机对职业教育的发展方向存在着深刻的分析。工商界的人士强调职业教育与现存公共教育的共存体制,而杜威则坚决反对这种二元体制。

目前有意识地强调职业教育,要把过去默认的职业的含义显示出来,审慎地实施,这是有几个明显的原因的。

(1) 在民主主义社会,凡关于体力劳动、商业工作以及对社会所做的明确的服务逐渐受人尊重。在理论上,我们现在都希望,无论男女都能有所作为,以报答社会对他们理智方面和经济方面的支持。劳动受人推崇,为社会服务是很受人赞赏的道德理想。虽然还有人非常羡慕能过懒散和炫耀生活的人,但是比较好的道德情感却谴责这种生活。一个人利用时间和才能担负社会的职责,现在比过去更受一般人承认了。

(2) 过去一个半世纪内,属于工业的职业已经获得了极其重要的地位。制造业和商业不再是家庭和地方性质,因而多少是偶然的事业,而变成世界范围的事业了。这些事业逐渐占用了很多人的最优秀的才能。制造家、银行家和工业界巨头,实际上已经替代世袭的地主贵族,直接指挥社会事业。社会调整这个问题显然是工业问题、劳资关系的问题。工业上很多引人注目的制作法的社会重要性大大增加,不可避免地使学校教育与工业生活的关系问题重要起来了。这样大规模的社会调整的发生,不会不向从不同社会状况下继承下来的教育提出挑战,不会不对教育提出很多新的问题。

[1] 罗伯特·威斯布鲁克著,王红欣译.杜威与美国民主[M].北京:北京大学出版社,2010.174.

(3) 我们曾经反复提到这样一个事实：现在的工业主要已经不再是习惯传下来的经验为根据的、比较粗糙的程序了。现在的工业技术是工艺学技术，这就是说，根据数学、物理学、化学和细菌学等的发现所制造的机械。经济革命提出了许多问题要解决，对机械的应用产生了更大的理性的尊重，从而激发了科学的发展。……这就需要一种教育，使工人了解他们职业的科学的和社会的基础，以及他们职业的意义。现在这种教育的需要变得非常迫切，因为没有这种教育，工人就不可避免地降低到成为他们所操作的机器的附属品的角色。

(4) 在科学方面，知识的研究已更属实验的性质，更少依靠书本、传统，更少和推理的辩证法相连，更少和符号相连了。结果，工业的职业所用的教材不但给我们比过去更多的科学内容，而且使我们有更多的机会去熟悉产生知识的方法。工厂中的普通工人受当前经济的压力太大，当然不能和实验室的工人具有相同的产生知识的机会。但是，在学校，学生的主要有意识的事情是增长见识，在这种条件下，可以使学生接触机器和工业上的各种制作法。工厂车间和具备上述条件的实验室的分离主要是传统的习惯。实验室的优点在于容许对于问题所暗示的任何理智的兴趣探究到底；工厂车间的优点在于重视科学原理的社会意义，有许多学生还可以因此激发更为活跃的兴趣。

(5) 学习心理学，特别是儿童心理学的进展，与工业在生活上愈益增长的重要性是一致的。因为近代心理学特别强调探索、实验和尝试等原始的、不经学习的本能的重要性。近代心理学揭示，学习并不是一种现成的叫作心智的工作，心智本身却是原始能力所构成的有意义的活动的一种组织。我们在前面说过，工作对年龄较大的学生，正如游戏对年幼的学生一样，对未经训练的本能的种种活动具有教育意义的发展作用。而且从游戏过渡到工作应该是逐步的，不包含态度的激烈改变，而是把游戏的要素带到工作中去，同时，为了提高控制的能力，再加以继续不断的改组。[1]

以上就是杜威对当时社会发展变化的说法，正是在这样的背景下，杜威强调通过职业教育可以使人能够在利用自然的活动范围内提升人的智力水平，在社会生活中提升人的道德文化修养，以此沟通职业教育和普通教育，而且职业美德教育也要求人具有责任心、献身精神和合作意识。在这个意义上，杜威坚决反对那种只把产业工人当成是机器的附庸的观点。他希望通过普通教育与职业教育的沟通使得封建社会制度转化为民主社会制度，让学生在与生产资料和生产部门打交道的过程中运用智慧发挥主动性，从而成为民主社会的合格公民。

6.教师的社会责任

杜威在《我的教育信条》中表达了对教师的看法，在民主社会建设中，教师要有勇气理智地选择自己的目标，参与到社会改革进程中。虽然杜威并没有在《民主主义与教育》中表达关于教师职责的观点，但是1935年杜威发表了《教师和他的世界》，也表达了对教师职业的看法。

教师应该在他们时代的前面还是在他们时代的后面？也许在思想上带有逻辑癖好的人会反对这个问题。他将指出还有第三种选择——教师们可以跟这个时代并行，不前不后。人们也许要询问这个中间路线是不是教师们所应游走的一条最聪敏的路线。这个观念似乎是可赞许的。但是他有一个致命的弱点。如我在别的地方曾指出的，时代本身并非一致的。它是由各种相反的倾向混合而成的。指出两三件熟悉的

----

[1] 杜威著，王承绪译.民主主义与教育[M].北京：人民教育出版社，1990.329-331.

事情就足以说明这一点。我们在各方面听说有匮乏的经济和富裕的经济。在我们所生活的时代里两者并存，相互斗争。如果没有富裕，银行里就不会充满了金钱，工厂就会空闲起来，棉花就不会犁倒，牲畜就不会被摧残。但是如果没有匮乏，百万的人们就不会失业；两千多万人们不会靠公家的或私人的救济过生；学校就不会关闭、班次加大，有价值的社会福利就会减少。在我们所生活的时代里私人的和公共的目的与政策是互相冲突的。我所谓的"私人"的意思是胡佛先生的所谓倔强的个人主义。我所谓的"公共"的意思可以用这一事实来说明：胡佛先生在他做总统期间组织了"建设财团"以及其他公共行动的代办所，努力抵抗不景气的风浪。他以及赞同他在商业中强调私人创业与管理的人们假定政府的职责就是要帮助恢复国家的繁荣。在个人中这些矛盾在时代状态上也是典型的。让我再举一个比较接近教师职业的例子来说明这个问题。我国要执行公共教育政策。在实行这个政策时，我们在三十年多一点的时间里在中学和大学增加了五六倍的学生数目。另一方面，我们在这些学校里训练出来的这些年轻人现在在很大的程度上找不到机会来利用他们所学的东西。他们找不到职业。这种事态在教师们所生活的时代里看起来是一致的或平稳的吗？

事情的要点是这样的：时代脱了节，而教师们不能逃脱责任（即使他们想这样做）来共同把时代纠正过来。教师们也许像汉姆莱特一样把这当作一件可恶的事情，或者把它当作是一个机会。但是他们不能逃脱责任。游移不定是一种懦弱的选择方式。在这里我并不是试图告诉教师们在我们自己的时代的各种对抗的倾向之中他们应该站在哪一边——虽然对于这个问题我有我自己的信念。我只想指出：冲突是存在的，而且事实上它正在加强这一组另一组的力量。问题在于：让它们盲目、躲躲闪闪地这样做呢？还是理智地和勇敢地这样做呢？如果一位教师是保守的而且他想和在我看来是反动的力量打伙在一起，而最后从我的观点看来这将会增加当前的混乱，无论如何也让他理智地去这样做，让他在研究过这种情境并根据理智的研究做出有意识的决定之后去这样做。如果教师是自由派和激进派，那也同样让他如此。

如果我懂得这种情境，最好是促使教师们、家长们以及负责指导教育的人们这样理智地理解我们自己时代的社会力量和运动以及教育制度在其中所担负的职责。如果教师心目中没有一个社会目标，这一点是不能成功的。我用这么大的篇幅来进行一般性的讨论，我想有些教师们有点不耐烦了。不幸，教师们有时喜欢听到别人讲怎样去做，具体怎样做。但是懂得运动中的力量，懂得他们所指向的方向和目标不正是理智的抉择和行动的先决条件吗？如果一个人不清楚为什么他要做这些事情，不清楚这些事情对于现世环境的影响是什么，不清楚它们所将达到的结局是什么，而只是做这一件事、做那一件事、做另一件特殊的事，这有什么益处呢？教育家们首先所能做的最特殊的事情就是某种一般的事情。首先所需要的就是要明白我们所生活着的是一个什么样的世界，要考察它的力量，要看出在争夺领导中各种力量的对立现象，要决定哪些力量是世界在其潜能中从过去遗留下来的过时的东西以及哪些力量会指向一个更好的和更幸福的未来。如果教师在这些方面已经做了决定，那么他自己就不难去发现为了执行他所达到的这些决定所必须进行的一些特殊工作。大法官霍尔姆斯曾经说过：理论是世界上最实际的东西。这句话对社会学来讲，尤其是真的，而教育学说是社会学说的一部分。[1]

杜威充分地肯定了教师在社会变革中的作用，而且教师必须用自己的理智思考做出恰当的选择。杜威在这篇演讲中最后重申了两个重要的结论。

第一，教师出于职业的自尊心一定不能颠倒黑白而在威胁面前躺下来。这一类对教育的攻击在过去曾经引起过强烈而勇敢的反抗，这是一种健康的标志。它们和

─────────────
[1] 杜威著，傅统先译.人的问题[M].上海：上海人民出版社，1965.54—56.

理智的方法的联系是明显的。如果教师不在前线为了理智的自由而坚定地进行战斗，争取理智自由的事业几乎是无望的，而我们正陷于那个威胁、虐待和压迫的法西斯的时代。

我的另一点申述是：目前学校的一个大的任务就是培养免疫性，使学生不受报纸和无线电的宣传影响。赫胥黎在他的《科学研究和社会需要》一书中说："教育的目的之一应该是教导人民忽视由他们的社会环境所强加在他们身上的那些无意识的偏见。"报纸和无线电是灌输群众偏见的两种最有力的手段。战争宣传和希特勒化的德国的情境证明：如果学校不创造一种有批判性的鉴别能力的大众智慧，那么将会无限制地产生偏见和燃烧的情绪。我们主要的保障就是由学校对各种社会力量给予一种明智的理解。根据我的判断，对于情况与力量的明智的理解必然会支援一种新的一般的社会方向。在学校获得力量以增进这种理解的途中存在着许多的困难。集中在这个任务上面，这是与公共教育所公认的功能一致的，而且也只有它才给了了关心于新社会方向的教育家们以英勇无比的任务。[1]

杜威在1935年发表的这篇演讲，当时正好是第二次世界大战爆发的时期，美国刚刚经历了1929年-1933年的资本主义世界的经济危机，在社会发展何去何从的背景下，杜威依然秉持了通过教育改革社会的理想，赋予教师以伟大的职责。

三　对杜威民主社会思想和民主教育思想的反思

进步主义教育改革是19世纪末期20世纪初期美国人反对传统形式主义教育的革新运动。杜威对教育的关注是和美国进步主义教育改革运动密切联系

---

[1]　杜威著，傅统先译.人的问题[M].上海：上海人民出版社，1965.64.

在一起的，以至于有人认为杜威的思想是进步主义教育改革的指导思想，当美国轰轰烈烈的进步主义教育改革失败之后，也有很多人认为杜威的思想要负责任。其实仔细分析，杜威的确对教育发表了一些激烈的言论，但是杜威的思想和进步主义思想还是有区别的。进步主义过分强调了儿童的个体性，吸收了蒙台梭利、卢梭等人的浪漫主义思想。而杜威则持不一样的态度，杜威也提倡儿童的个性发展，但杜威倡导的原则是合作，认为儿童在于社会团体的各种成员合作的过程中才能发展出健康的个性品质；而蒙台梭利则要求儿童必须自己做自己的事情。在教育实践中，极端的进步主义者把学生玩得是否要高兴开心作为评价的标准，而杜威则认为，如果教育仅仅停留在这个层次上就是没有尽到自己的社会义务和社会职责。

如果把历史的时空拉长，杜威已经离开我们有半个多世纪的时间了，杜威的民主理想和教育理想并没有实现。他所期待的民主社会并没有出现，社会也没有形成共同的利益，教育改革也没有按照杜威所言的方向发展。杜威在从哥伦比亚大学退休之后在晚期著作中反思了自己对民主和教育之间关系的看法。

杜威在1944年发表了《民主信仰与教育》的文章，充分意识到民主社会的实现是一件非常复杂的工程。

民主主义不是一条容易采取和遵行的道路。相反的，就其在现代世界复杂情况中的实现上来说，它是一条极艰难的道路。在大体上说，过去实行民主主义的情况颇良好的这一事实给我们以应有的勇气，我们还应认识这个事实：民主主义的成功维持，严格要求利用最有效的方法去求得和我们的物质知识大抵相称的社会知识，并去发明和利用和我们关于物质事务的技术能力大抵相称的社会工程的形式。[1]

──────────

[1] 杜威著，傅统先译.人的问题[M].上海：上海人民出版社，1965.23.

如果所有的社会文明建设在一开始就如美国那样, 杜威所说的民主的信仰可以维持民主主义的发展, 然而大多数国家与美国不同, 对民主的信仰也与美国不同, 这就导致了民主主义在实现方面的巨大困境。这是杜威民主思想的时代局限性。

杜威看得出来在民主社会的变革中, 学校教育只是诸多教育机构之中的一种, 而教育力量也只是诸多力量中的一种。建设民主社会是需要教育的, 但是教育贡献的力量和所起的作用则是有限的。而且"杜威更加公开地承认, 学校与通行的权力结构有着千丝万缕的联系。因此, 要把学校改变成民主改革的机构, 那真是极其困难。1935年时, 杜威指出这种改变会反复与急于维护现行社会秩序的利益方形成冲突。代表着这些主导利益的就是校董会。'校董会成员把自己视为私营的劳动力雇主, 他们把教师看作是自己的男女雇员'。教师对他们的工作几乎没有任何控制权。由管理者制定教学科目和授课大纲, 决定教学方法。教师只能接受命令, 而管理者的任务就在于'无限度地服从经济阶级的欲望, 在校董会, 主要是由经济阶级实行社会控制'。同年, 杜威在他处指出, 教师们应该认识到, 他们与农民和工厂劳工一样都是'工人', 因此也就受到'具有经济特权的、人数虽少, 但权力很大的阶级'的控制。教师工作的稳定性和进步'在很大程度上都取决于这个阶级的愿望和计划'。杜威鼓励工人们要努力赢得自身工作的控制权, 并要与其他的工人联合起来, '反对他们共同的敌人——特权阶级, 同时在联盟中培养有助于实现民主社会秩序的品格、技术和智慧'。"[1] 所以杜威在晚期的研究中, 意识到如果学校的缺陷无法获得弥补, 教育实现民主社会的理想就是难以实现的。与杜威同时代的改造主义教育哲

---

[1]　罗伯特·威斯布鲁克著.杜威与美国民主[M].北京: 北京大学出版社, 2010.536-537.

学主张把学校当成是迂回解决社会政治问题的工具。然而杜威始终不曾放弃他的民主理想。也是在1944年的《民主信仰与教育》中杜威提出了科学人文主义的解决策略。

　　这便是指示给我们的任务。如果用冠冕堂皇的名词来说，这个任务是使科学人文化。这个任务不能在具体上完成，除非作为科学的果实的技术被人文化了。只有把任务仔细分析，把智慧应用到许多场合中各色各样的问题上，使科学和技术成为民主希望和信仰的侍仆，才能在具体上执行这个任务。这个动机鼓舞着思想上和行动上的忠诚心。但是除掉联系着希望和努力，我们还应养成观察和了解的自由的、广泛的、有训练的态度，使这些态度成为和科学方法的基本原则血肉相连的东西，成为习惯的不知不觉的东西。在这个成就中，科学、教育和民主动机合而为一。希望我们能肩负起这个时代任务。因为这是我们的人生问题。只有通过人的欲望、人的了解、人的努力，这个问题才能得到解决。[1]

　　可见，杜威从未放弃他的理想，这也是美国实用主义哲学乐观精神的体现。

---

[1]　杜威著，傅统先译.人的问题[M].上海：上海人民出版社，1965.23—24.

第三篇 如何进行道德教育

杜威是一位与时俱进的学者，他提出了符合他生活的时代的道德观念，杜威提出了实用主义的伦理学和道德教育观。杜威看到，以往人们在寻求道德观念的时候总是寄托于永恒不变的理念，这样的倾向会导致人类的生活陷入僵死的境地。因此，杜威反对传统的寻求确定性伦理观和道德观的做法，提出在不断发展变化的现实生活中寻找我们应该遵循的道德观念。所以杜威的伦理学思想是为了帮助人们更加丰富地生活更加充满情趣地介入生活的。杜威的道德思想与他的哲学思想直接相关，我们在上两篇的基础上，继续分析杜威的道德教育思想。在人类生活中，道德是至关重要的。美国著名的永恒主义代表学者阿德勒曾经说过，我们生活中所有独一无二和无比强大的东西都只能来自于我们内心中的那种关注，来自我们精神中对道德真理的那种高贵的"偏执"与神圣的"狂热"。伟大的思想家康德也曾经说过："有两种东西，我对它们的思考越是深沉和持久，它们在我心灵中唤起的惊奇和敬畏就会日新月异，不断增长，这就是我头上的星空和心中的道德定律。"可见，道德对我们的生活是多么的重要。

第五章　道德与道德的特征

一　什么是道德

要了解杜威的道德观,首先要知道什么是道德。杜威对道德的基本看法与其他思想家不同的地方就在于,杜威非常重视人的行为,他把道德行为当成是一种特殊形式的资源行动或行为。"与非道德行为不同,道德行为意味着在互相矛盾的价值观之间做出选择。所有有意识的人类活动都是行为,但其中大多数行为都是非道德行为,都是一种'技术性行为,而非道德行为'。因为在这类行为过程中,人们面对的问题都是无关紧要的偏好问题,或是以手段实现目的的功效问题。而道德的行为则是'由不同的价值观所引发、受价值观指导的行为。行为所牵涉的价值观互不相容,因此,在做出公开的行动之前,需要考虑与选择'。道德问题在于决定,'什么是真正有价值的做法'。"[1]所以道德是个体的具体性行为,而不是一种对观念的冥思苦想,或者对原则的反复演练。人的道德行为就是人在生活处理事务与他人交往过程中体现出来的一以贯之的行为。在杜威看来,道德至少包括三个组成部分。第一个是知识,知道了事物中的利害关系才能做出正确的道德判断。第二个是情感,因为如果只有知识,没有情感推动人的选择也是不行的,情感是实施道德行为的动力。第三个是能力,因为只有知识和情感,但是没有实施的能力,道德行为还是不会出现。我们可

---

[1]　罗伯特·威斯布鲁克著,王红欣译.杜威与美国民主[M].北京:北京大学出版社,2010.159.

以通过两个案例了解杜威对道德的基本看法。

案例1：这些做检讨的学生高尚么?

课间时候，班级里一个男生打了一个平时大家都不喜欢的女同学，结果全班同学都没有制止，直到老师来了，打架行为才停止。老师很生气，让全班学生都写一下对这件事情的感触。课间出去的学生说自己不知道，如果看见了一定会制止。教室里的学生也说没看见，如果看见了一定会制止，还有部分学生承认看见了但是没制止是错误的行为。但绝大多数学生都在进行深刻的道德检讨，并且趁机表明自己的高尚的道德认知。[1]

根据案例中的表述，我们是否能判断这些学生是有道德的人？根据杜威的看法，学生进行的道德检讨在杜威眼里还不是道德，因为这些仅仅是观念，而不是行为。

案例2：感恩的教育

今年春季运动大会的第一天，天气突然降温，很多家长陆续给孩子送来衣服。让我最感动的是王威伊、李璐、张梦雄的家长，他们不仅给自己孩子送来了衣服，还把家里的衣服，甚至是亲戚家孩子的衣服拿来，分给我班的其他孩子。运动会结束后，孩子们把衣服乱七八糟地全堆在了讲桌上。

我走进教室，看到堆积如山的衣服，心里非常生气，但我随即冷静了下来，感到这正是向学生进行教育的契机。近一个时期，我校正对学生进行感恩教育。但从今天的情况看学生对感恩教育仅仅停留在口头上，并未和自己的行为结合起来，怎样让

---

[1] 此案例来源于作者亲身经历。

学生真正感到感谢他人是一件美好的事情呢?

我脱下家长送来的羽绒服,向第一桌同学借了纸和笔,写了一段话,然后对学生说:"你们想不想知道我写的内容?"同学们好奇地点点头,然后我郑重地读道:"这是我穿过的最舒服、最温暖的羽绒服。谢谢您的'温暖牌羽绒服',谢谢您的爱心,谢谢您给我带来的感动——您的朋友费俊梅。"说完后,我把纸条放在衣兜里。

教室里顿时鸦雀无声。静默了一分钟后,孩子们一个接一个拿回了刚刚脱下的衣服。他们也都把写好的纸条放在衣兜里,把衣服叠得平平整整送到了王威伊等同学的座位上。[1]

从这个案例中,我们可以知道,情感也是道德的重要维度,道德不能像一件东西那样传递,但是可以通过激发学生的情感让学生产生共鸣来帮助学生形成良好的道德行为。

德行是一个人在自己所从事的职务以及在同他人的交往中所体现出来的一以贯之的行为,道德是体现在个体的行为之中,个体的道德行为不是随意的、任性的,而是长期的、稳定的。杜威看到了道德认知不一定带来道德行为,道德一定是认知、情感和行为的统一,主观动机是好的,这不足以说明任何问题。

---

[1] 此案例来源于网络。

二　道德的特征

杜威的道德观与传统的道德观不同，从道德的哲学来看，杜威的观点属于经验论道德哲学，一方面他反对威严的、独立的道德理论，另一方面，也反对偶然的普通的日常经历。杜威认为，道德思考和道德探究具有情境限制的特征，道德产生于我们的生活并为我们的生活服务。杜威的道德观有如下的特点：

（一）道德既不是主观的，也不是客观的

功利主义者在道德判断上强调以结果作为标准，而康德[1]派则认为道德判断只需要依赖人的动机，道德判断是价值判断，是纯粹个体主观意识所做出的应当是什么的判断。杜威认为这两种观点都是存在问题的。如果一辆车失去了刹车，前面的两个方向中一个方向有1个人，另一个方向有4个人，按照功利主义者的选择，这个失去刹车的车的司机是不是要驶向四个人的方向呢？功利主义者强调预见到的行为结果，从而使身处情境的人无需为没有预想到的行为结果负责。这是功利主义者不愿意见到的。还有康德派的观点，良好的动机如果无法带来任何改变，就根本不能算作真正的动机，这也是康德派无法解决的问题。杜威在解决这个问题的时候借助了科学的思维。科学判断事实判断，他陈述条件与条件之间的联系，做出"事实是什么"的判断。杜威试图结合两者。道

────────

[1]　伊曼努尔·康德(IMManuel Kant,1724年4月22日—1804年2月12日)德国哲学家、天文学家、星云说的创始人之一、德国古典哲学的创始人，唯心主义、不可知论者，德国古典美学的奠定者。其代表哲学作品是三大批判，即《纯粹理性批判》《实践理性批判》《批判力批判》，代表教育学作品是《康德论教育学》。

德判断的过程与科学家在实验室里研究的过程是一致的。人的价值判断过程也伴随着观察、分析、假设和验证等科学判断的方法。是否选择某一种道德观念个体也要思考分析，而不是因为喜欢所以选择如此简单。

道德的选择是一种理智的分析。道德判断需要人进行理智的分析，分析某一种道德选择可能带来的后果。杜威主张反省思维，在道德的问题上主张反省的方法，意味着个人运用理智的反省方法对礼俗道德以及具体的道德情境做出思考后所下的道德判断，通过这种方法把人培养成通过反省成为能知能觉的人。在道德判断上，杜威崇尚的方法是理智的方法，也可以被称之为探究的方法。杜威在知识判断和道德判断上的方法是一致的。"探究是一种受控制的或有方向的转化活动。他把一个不明确的情境转化为明确的情境。在这明确的情境里，它的组成成分的区别和关系都是那么明确，从而将原初的情境中的要素统合为一个整体"。[1]一个人去判断是否是道德的思维就是杜威提出的反省思维，我们在上文讲过，在此不再赘述。

杜威曾经说过："这种道德，不能自动地解决道德问题，也不能破解困惑，但是，它能让我们这样来表达问题，使行动可以勇敢、理智地朝向解决方案。这种道德不能确保我们远离失败，但是，他能让失败转变为教益。这种道德不能帮我们抵制可能出现的类似道德困难，但是，它通过不断增长的知识，能帮我们应对反复出现的难题。即使行动完全失败，这些知识也能增加行动的意义，因为我们将要继续下去。在道德与人性、道德与环境的联合被认识以前，我们都缺少过去的经验来处理生活中那些最尖锐、深刻的问题。准确和广博的知识继续发挥作用，但只是用来处理纯粹技术问题，唯有意识到自然、人和社会的连续性的心智，才能确保道德的生长。这种心智严肃而不盲目，积极而不感伤，

---

[1] 杜祖贻著.杜威论教育与民主主义[M].北京：人民教育出版社，2003.31.

适应现实而不因循旧习,明智而免于利益计算,理想而不罗曼蒂克"。[1]我们可以举一个例子来说明这个问题。是否告诉病人他真实的病情? 这是一件需要理智思考的事情。在这个问题上的道德判断者要思考的问题是告诉病人真实的病情会产生什么样的后果,道德选择要根据后果进行。

(二)道德不是永恒的而是变化的

杜威反对康德的道德哲学。康德作为伟大的哲学家,认为道德是绝对命令和善良意志,是绝对的,而杜威则认为,道德法则不是康德说的"绝对命令"和"善良意志",因为康德所说的道德观念都超出了人类经验的范围,无法对它们进行探究,人们除了服从别无选择。康德的道德观,道德是义务论道德,为道德而道德,为义务而义务。服从绝对命令,是一个义务(duty),是为了服从而服从。而人类生活的情境是不同的,不同的情境下,人们就会有不同的道德选择。我们可以从一则案例中透视一下康德与杜威道德观的不同。

案例:外科医生遇到的两难问题

外科医生"拯救生命"是绝对的道德命令,是一种义务,让他们无怨无悔地一周工作80个钟头,让他们在哪怕自己生命行将结束也不愿意选择离开手术台。正如Kant所言,理性是用来控制感性、冲动和直觉的。在危险发生的时候众人都仓皇逃走之时,只有这群医生留了下来,也许其中也有人抱怨命运的不公平,也许有人怨恨病患家属没有及时告知病史,他们都最终将内心深处的道德理想化作了行动的源泉。这

---

[1] Deway.J.HuMan nature and conduct.Anintroduction to socialpsychology.[M].NewYork:Holt p, 1922.12—13.

在Kant看来，是道德的、正义的。但是这样的原则不可以探究。

因为外科医生遇到了一个两难问题。本案例的特殊性在于患者James　Carlson在试验仿造的二战炮弹时，因为事故，导致炮弹进入体内发生大出血，警护人员Hannah将手伸入伤口内止住流血趋势。然而，更严重的问题在于，患者送进医院之后许久，其妻才平复情绪，诉说受伤缘故，负责止血的Hannah并不知晓患者体内的硬物为何。如果Hannah因一时冲动，胆怯抽手，就算炸弹不爆炸，患者也必因失血过多而死亡。但如果一直保持止血状态，将出现两种更糟的结果：

1.炸弹一旦爆炸，将沿着1号手术室连接的氧气管道炸毁整个医院。

2.病人因得不到及时手术救护而衰竭死亡。

按照康德律令如何选择呢？按照康德律令，医生只能选择救病人，这是天职和义务，但是炸弹爆炸的后果是否也要纳入考虑，是不是代价太大了？这是杜威批判康德的一个原因，即永恒的道德原则不能探究。杜威认为道德要随着情境的变化而变化。完整的道德行为首先要确定达到的目的，然后思考采取什么行动能达到这个目的，也就是他采取的行为会产生什么样的后果，如果后果是好的，该行为就是道德行为，如果是不好的就不是道德行为。例如：君权神授，人们抛弃了他并不是因为神废弃了这个原则，而是因为它不能造成人们向往的生活。当然结果的判断主要指公众的结果。例如小偷之所以偷窃，是因为偷窃可以产生他想要的结果，即财富，但从更大的范围来看，从公众的结果来看偷盗就成为不道德的行为。但是为挽救一个挨饿的孩子的生命而去偷盗就是另外一回事，所以道德准则是情境性的，没有终极的道德准则。

我们也可以从人性论的角度分析一下杜威的主张。

思考道德问题的人往往都会对人性问题进行思考，在人性的善恶、变与不变的问题做出选择。例如中国古代的孟子是性善论者，认为人的本性是善的，万物皆备我心，人的本性中包含"恻隐之心""羞恶之心""恭敬之心""是非之心"。这是仁、义、礼、智四种基本品质的根源，他说："仁义礼智，非由外铄我也，我固有之也。"道德教育在于遵循人性的自然发展，为其提供有利的外在条件，唤醒人对自己善良本性的自觉。我国古代思想家荀子是性恶论者，他说："今人之性，生而有好利焉，顺是，故争夺生而辞让亡焉。"人生性好利、好斗，若顺其本性发展，必将使社会陷入混乱、抢夺之中，是十分有害的。而对人性持有非善非恶观点的代表人物是康德，康德认为，人生之初只是一个"自然人"，无所谓"善"和"恶"，人的自然本性中只有"向善"的倾向，并存在着与动物共有的成分，因而人需要教育，一方面约束自己的非人性成分，防止人性蜕化为动物性；另一方面发展人"向善"的潜在倾向和能力，从而形成善良意志。因此，人性是不完善的，需要通过教育帮助人完善自己，进而展开美好生活。而杜威对这些观点都持批判态度，因为这些观点都属于抽象的人性论，归根到底是把人性当成是固定不变的、脱离生活的东西了。杜威认为，人性具有不变的内容，人的一些固有需要自人类诞生以来就没有改变过，在人类以后的生存与发展中也是不会改变的，他说："有些倾向是人的本性的不可分割的部分，如果这些倾向改变了，本性便不再称其为本性了。这些倾向通常叫作本能。"[1]所以在人类生存进化的过程中，人的身体构造和生理特点表现出来的固有需求是人性不变的内容。当然人性也有可变的形式。人们有时候会犯错误，认为既然人有不变的固有需求，那么这些固有需求的表现形式也是不变的。其实不然，人的固有需求会随着情境的变化而变化。例如人们对食物的需求是不变的，但是要求和采用什么样的食物则是受到社会风俗和社会习惯的影响，而这些就是可以改变的。从人性具有不

---

[1] 杜威著，傅统先、邱椿译.人的问题[M].上海：上海人民出版社，1965.150.

变的内容出发，我们可以得出道德教育要尊重人性，如果能够引导并利用这些先天的本能，就能促进个体的成长和进步，但是如果忽视了这些最基本的方面，就会抑制个体的成长和进步。而人性具有可变的形式就为教育提供了广阔的空间，教育在促进个体成长的过程中可以充分利用这些可变的形式。

（三）道德产生于我们的生活

杜威认为，我们是我们价值的创造者。经验自然主义伦理学在提出"应该"问题的时候，要先回答这样的问题，即如果我下决心这样做，将会有什么结果，我是否希望有这样的结果。因此，既要思考行为的动机，也要思考行为的后果。杜威的理论认为结果是真理，拥有的是真理。因此，没有终极的道德原则，我们应该在日常生活的情境中去发现我们的"应该"。人们应该从行为的背景，产生的某种行为的情景，以及行为的总的公众的结果中去判断行为道德与否。杜威所说的道德并不是个体的道德，而是社会的道德。

这就是说，道德源于我们对生活的反思，道德源于生活而又高于生活。杜威曾经举过一个例子。

假如一个儿童出生于一个家庭，其父母企图控制其行为，在运用威权之际，必然感觉需要一种准则，而不自满于短暂的灵感和自私的心情。又如合伙经营商业的人们因享利益的成数各不相同，则公平的问题便因此而发生；倘若有人亏损股款，便因此而发生刑事问题。又如工商业家抵触法律，经营法律所禁止的事业，则正义的问题必将发生，凡此种种情况，其所存在的道德境地，显然不同于上节所陈述。因为在此等情况中，要用判断、要用赞成或贬责。正如亚里士多德所说，实行去做，还是不

113

够，要紧的情节乃是在一定的方式下去做——不仅是得到结果而已，必须其志向是在此结果。对于所得到的结果，必须念及其为正为善或为恶为邪。

在上述事例中所起的判断，其使用的方法，计有两种：①父母之教训子女，商业家之商事行为，都可以依照惯例或成规之所确定。②或者将惯例成规中所含原理和动机加以考虑审核。依第一种方法的行动，在一种意义上，确实是道德的，虽然认定准则为当然的，而未加考虑，毕竟是依着一种准则以为判断。依第二种方法的行动，则是更为完全的道德。不仅是依据准则，并且将准则也加了一番审量。前一种方法，是"习俗的道德"所使用的方法，后一种方法，是"觉悟的道德"所使用的方法。所谓觉悟的道德，便是良心的道德。

行为境地，于是可分为三层：

①由本能和根本需要而起的行为。要满足此等需要，必须有一定的行为，在行为中又当然含有种种多少合理而又宜群的活动。其行为虽然不是由道德的判断所指导，但是或许是符合规律的。

②行为受控制于社会的准则，以追求一种多少明觉的目的，社会的幸福易包含于此种目的之中。这是习俗的境地。

③行为受控制于一种准则，此项准则既是社会性又具有合理性，既经过审量又经过批判。这是良心的境地。

动机在此等境地中，也表现出同样的差等。在①中，其动机是在所得的目的之外。人们寻求饮食、地位、荣誉和性欲的满足，而不得不实行节制、勤勉、勇敢、温良。在②中，其动机在追求具有社会性的某种善，但是他为其他群体而作为，主要的原因是因为他是属于其群，而未曾认识他自己的善别异于其群体的善。他的行为只有一半受指导于智慧，其他一半，则是基于习惯或者偶然性。在③中，即在圆满的道德中，一个人不仅确认志向与其作为，而且尽其全部心力以估量其作为的价值。他之

所以有所作为，是因为这些作为是正当的，是真善的。他自由而敏慧地抉择这些作为。[1]

杜威主张道德并不是外在于人的生活，道德来源于我们的生活。因此，同情是非常重要的道德品质，道德生活的任务就是把同情与个人的各种欲望结合到一起，是同情性品格的成长过程。

我们可以通过一个案例了解杜威所主张的生活中的道德。

案例：为了工作放弃病危的父亲[2]

中央电视台新闻联播节目曾经在1990年报道过一个先进人物的典型事迹：某军区的一个连指导员张某在参加军区的一次军事演习后，刚回到驻地就接到"父病危速归"的加急电报（当时电话和互联网还不发达）。此时他想，部队刚结束军事演习，接下来就是总结评比工作，作为连指导员，怎能在这个时候为了自己家中私事而影响连队工作呢？于是，这个指导员把电报藏了起来。过了几天，他又收到一封同样内容的电报，可仍然没有声张。直到整个工作结束，他才请假回家，而此时他的父亲已经下葬了。他感到很对不起父亲，在父亲坟前痛哭了一场。而他的兄弟姊妹对他非常生气，非常不理解，说父亲去世前很想见他一面，最后是呼着他的小名闭眼的，为什么加急电报都不能把他叫回。

案例：生命的最后一分钟

大连市公汽联营公司702路422号双层巴士公司司机黄志权，在行车途中突然心脏病发作，在生命的最后一分钟里，他做了三件事：把车缓缓停在路边，并用生命的

---

[1] 杜威著，余家菊译.道德学[M].上海：中华书局，1935.39—41.

[2] 本案例来源于网络.

最后力气拉下了手动刹车闸；把车门打开，让乘客安全地下车了；将发动机熄火，确保了车和乘客的安全。他做完了这三件事，趴在方向盘上停止了呼吸。

这两个案例是同类型的，都是关于在岗位上履行自己职责的，哪一个符合杜威的道德主张呢？黄志权在生命的最后一分钟里以自己的实际行动诠释了自己的岗位职责，所做的一切也并不惊天动地，然而许多人却牢牢记住了他的名字和他的事迹。而我国新闻里所提倡的那位连指导员道德价值观似乎并不可取，因为事情远未紧急到他不能请假去为即将去世的父亲告别，他的个人利益和集体利益远未冲突到不可调和的程度。当时部队并没有特别紧急的任务，如战备、抢险等，不就是一个连队总结吗？还有连长、副连长和副指导员等，完全可以临时代替他的工作。一个有道德的人并不是一个只知道无私奉献的人，而是一个知道在生活中进行合理价值选择的人，是一个知道如何通过价值选择来获得善的人。

（四）道德观深受科学的影响

杜威生活的时代已经是自然科学发展的时代了，杜威深刻地认识到了科学对于人的生活的影响，在道德方面，杜威也分析了科学所产生的影响。古代时候，由于科学和技术不发达，人们对世界持有敬畏的态度，在世界观上认为世界的发展变化要么是万变之中存有不变，要么认为变化非人力所能及。这就导致人们在道德上三个非常不好的影响。"其一是看不起天然科学的对象。人类对于希望不到的东西总看不起它，只当它是不好的。西洋有个寓言，狐狸见了葡萄要去摘它，摘不到它，说葡萄是酸的，不要摘了。人类何尝不想拿天然界的东西来替他效力。拿天空的闪电来拉车、来点灯，谁不喜欢？无奈拿它不到，不能懂得它，只得说这是不值得懂得、不值得管理罢了。其二是悲观与命定主义。

他们以为凡事都有定数，人工无能为力，因此厌世——对于世界只采取被动的态度。放任达观等坏观念都是从此而起。……其三是个人没有方法找真理，只能大家服从古训、旧说、遗风。他们以为古人不会错的，古圣人尤其不会错，大家非服从他不可。因为没有能力，没有方法自己去找真理，所以只得如此"。[1]这三个不好的影响都随着科学的发展而有所变化，自然科学使得人们的道德在两个方面产生了好的影响。第一是自然科学的进步让我们发生了新的希望与新的勇敢。"一个国家或民族老了以后，与人一个样，胆也小了，志气也萎缩了，往昔少年的精神也变为衰靡不振了。故须时时提起他的希望和勇敢，使老的国家变为少年的国家。这种新的希望和新的勇敢从什么地方来呢？就在于对于人的智慧有一种新的信仰。我们现在受了科学的影响，知道人的智慧可以打破从前的一切愚昧、错误和紊乱。故对于人生起了一种新的态度。愚昧、错误、紊乱都不怕它，我们都可以用智慧打破它。"[2]第二个影响是"发现新的'诚实'。我并不是说诚实是科学的结果，大家都知道古人将诚实也看得很重的。不过，诚实的地位很不容易做到，总要有了真话，然后可以说真话——有许多看去虽似真话，实在是假话。科学就是先使我们知道真话，然后再来说真话"。[3]在杜威看来，由于以前迷信思想的影响，人们对于不明白不了解的事物总是说假话，而自然科学带给我们新的方法与信仰，让我们可以通过科学的方法去发现事实的真相，而不是用假话敷衍。"科学不赞成秘密，赞成公开，主张调查、考察、研究和讨论，使从前想说老实话而不能说老实话的旧习惯一概打破"。[4]从以上论述中，可以看出，杜威是一个道德上的乐观主义者，科学打破了人类从前的悲观、

---

[1]　单中惠、王凤玉编.杜威在华教育演讲[M].北京：教育科学出版社，2007.41-42.

[2]　单中惠、王凤玉编.杜威在华教育演讲[M].北京：教育科学出版社，2007.41.

[3]　单中惠、王凤玉编.杜威在华教育演讲[M].北京：教育科学出版社，2007.43.

[4]　单中惠、王凤玉编.杜威在华教育演讲[M].北京：教育科学出版社，2007.44.

被动、守旧以及不肯说老实话的坏品格。

（五）道德是为民主社会服务的

杜威是经验主义道德的主张者,他把人的道德和社会的民主联系在一起。人类的生存必须依赖于社会文化环境进行物质生产生活获取基本的生活资料进而获得人生的意义,所以"作为道德目的的成长与将我们与他人联系在一起的关系纽带分不开"。[1]杜威虽然经常被认为是儿童中心论的主张者,然而主张"儿童中心"的实质是让儿童把民主当成是一种生活方式。"教育的核心目标就是将孩子那不知餍足的社交好奇心,培养成一种交往性的民主信仰。民主的道德教育并不承诺消费主义(Consumerism,顾客至上主义)和粗俗的唯物主义,而致力于释放孩子的能量,以便他们能实现自己的潜能,成为仁爱的、有同情心的、积极主动的、有见识的社会成员"。[2]对学生进行的民主教育要想生效,必须发展学生的理智、情感以及审美等潜力,虽然教育无法建构一个乌托邦式的社会,但是当灾难来临时,这种教育可以帮助我们做出理性的、人道的反应,所以杜威提出的道德观是民主社会公民需要具备的。有人批判杜威,认为杜威是一个集群主义者,认为杜威忽视个体的自由。但实际上,杜威要做的是把个体的自由和共同体的善结合起来。以往一些道德专家的失败就在于缺少对与我们不同的那些道德观的同情的理解,这恰恰是民主社会所需要的。

---

[1] 斯蒂文·费什米尔著,徐鹏、马如俊译,张弛校.杜威与道德想象力——伦理学中的实用主义[M].北京:北京大学出版社,2010.151.

[2] 斯蒂文·费什米尔著,徐鹏、马如俊译,张弛校.杜威与道德想象力——伦理学中的实用主义[M].北京:北京大学出版社,2010.151.

案例：圣诞老人的回信

某年12月新闻广播中，记者在芝加哥邮政大楼采访了一个三十多岁的人，因为他从邮局收到的信件中，筛选出数千封"亲爱的圣诞老人收"的信件。他解释说，他每年都给一些写信的穷困孩子送礼物。记者请问他的动机时，这位很显然富于同情心的人回答说："因为这让我感觉良好。当我送礼物给这些孩子时，那真正就是给我自己送礼物。"

毫无疑问，他的行为令人感激，但我们要从表面价值来理解他的回答吗？他这么做的动机，并不单纯在于或者甚至根本上在于自私的对快乐的渴望，而在于满足这样一个整体情境，即他人的生活和他自己的生活交织在一起。[1]

杜威提出的民主观实际上是协商民主，"民主是一种生活方式，以及改善社会的希望，民主促成更亲密的人际关系，同时尊重个人的自由。当礼仪发生冲突时，民主的生活方式选出分歧点，并且倾听分歧意见，而不是将其作为牺牲、奉献于预定计划或偏见的祭坛上。"[2]而道德就是为这样的民主社会服务的。

---

[1]　此案例来源于网络。

[2]　斯蒂文·费什米尔著，徐鹏、马如俊译，张弛校.杜威与道德想象力——伦理学中的实用主义[M].北京：北京大学出版社，2010.158.

第六章　道德教育的理论主张与实践策略

一　进行道德的教育而不是道德观念的教育

如果把道德作为标准对人的行为进行分类，需要注意到有两种类型，一种是道德的行为，另一种是非道德的行为，做教师首先要区分学生的道德行为与非道德行为。我们可以通过一个案例来说明这个问题。

班上的小袁穿了拖鞋上学，这是学校不允许的，为了不影响上课，我强压怒火，但是小袁的书桌上什么都没有，我十分生气，揪了他起来，批评他："看你这副样子还像个学生么，快给我站出来。"其他学生有的起哄有的嬉笑，小袁拎起书包往外跑。……下课后，在办公室和他谈话，他大声号叫："我不和你说话，你针对我。"我意识到伤害了他的自尊，便向他道歉，等他情绪稳定下来问他原因，才知道他爸爸出差了，妈妈昨晚加班今天还没有回家，早上没人叫他起床，一起来就七点多了，什么都顾不上就拎起书包往学校跑。知道这种情况后，我把早餐给他吃，跟他讲了穿拖鞋和不带课本的坏处，并且告诉他怎样避免这些状况。

这个案例所体现出的并不是纯粹的道德问题，虽然教师在处理这个问题的时候具有道德的意味，但是对学生来说实际上是纪律问题，而不是学生身上存在道德缺陷。所以在教育者对问题归因的时候要区分道德问题和非道德问题。

在道德教育领域内，需要注意道德的观念与关于道德的观念是不同的。众所周知，道德的观念能改变人的行为，但是关于道德的观念则未必。做老师的，都会告诉学生考试不要作弊，作弊是不道德行为，学生也都了解这个关于道德的观念，但是学生是否因此而不作弊呢？这就是不确定的。那些不了解道德教育的非专业人员，往往把道德教育理解为给儿童灌输道德观念的教育，如果儿童没有因此而产生道德的行为，他们就否定道德教育的作用，变成了道德教育上的虚无主义者。在杜威看来，所有的教育活动都是服务于道德目的的，这与赫尔巴特这个传统教育学的代表人物的基本立场是一样的。在学校进行道德教育的时候，我们必须得区分"道德观念"和"关于道德的观念"。杜威说，所谓道德观念就是"在行为见效果，使行为有所改进，变得比另外的情况下更好"的观念。那些对行为没有产生影响的观念就是与道德无关的观念，我们可以称之为非道德观念，而那些使行为变得更坏的观念就是不道德观念。而"关于道德的观念"则是指以语言文字表达出来的对道德的看法与主张，例如对正义、诚实、勤奋等观念的看法。他们在道德上是不偏不倚的，他们只是排除了对某一种道德观念的看法，这种看法在性质上并不能自动自觉地变成道德的行为。换句话说，一个人"关于道德的观念"是他个体的实证分析，而"道德观念"则是他的价值选择，实证分析不一定能顺理成章地推理出价值选择，这和休谟的说法是一样的。休谟在《人性论》中写到："在我所遇到的每一个道德学体系中，我一向注意到，作者在一个时期是照平常的推理方式进行的，……可是突然之间，我却大吃一惊地发现，我所遇到的不再是命题中经常的'是'与'不是'等联系词，而是没有一个命题不是由一个'应该'或一个不'应该'联系起来的。这个变化虽是不知不觉的，却是有极其重大的关系的。因为这个应该或不应该既然表示一种新的关系或肯定，所以就必须加以论述和说明；同时对于这种似乎完全不可思议的事情，即这个新关系如何能由完全不同的另外一些关系推出来的，也应当举出理由加以说明。不过作者们通常既然不是这样谨慎从事，所以我倒想向读者们建议要留神提防；而且我相信，这样一点点的注意就会推翻一切通俗的道德学体系……"或许休谟的说法有些夸张，但我们不得不承认，一个人对道德的看法是不一定带来道德的行为的，这里边同样存在着一个逻辑的鸿沟。杜威把道德观念和关于道德的观念严格地区分开来，道德观念作为道德的知识能使人的道德行为变得更加理智，而关于道德的观念只是作为关于道德的知识，并不能使人的道德行为变得理智。

一位当代英国哲学家曾敦促人们注意道德观念和关于道德的观念之间的区别。"道德观念"，不管是各种各样的观念，见效于行为之间，并使行为有所改善，变得比另外的情况下更好。同样，人们或许可以说，不道德的观念，不管是什么样的观念（不论是算术的或地理的亦或是生理学的），表现为使行为比别的情况下更差；有人也许认为，非道德的观念是这样的观念和一些见解，它们并不使行为受到影响，既不变得更好，也不变得更差。至于"关于道德的观念"，它们在道德上也许是不偏不倚的，或者是不道德的，或者是道德的。关于道德的观念，关于诚实、纯洁或善良的见解，并非理所当然地使这种观念自动变成好的品格或好的行为。

道德观念与关于道德行动的观念之间的区别，对于讨论道德教育是必不可少的，前者不管怎样，已成为品格的一部分，从而成为行为的工作动机的一部分，而后者像诸多关于埃及考古学的知识那样毫无生气和作用可言。教育者——无论是家长还是教师的职责就是一定要使儿童和青年生机勃勃地获得尽可能多的观念，从而使之成为促使行动的观念，指导行为的原动力。这种要求和这种机会会使道德目的普遍存在于一切教育学中并处于主导地位，不管教学主题如何。要不是这种可能性，一切教育的终极目的在于品格的形成这一耳熟能详的句子，恐怕是虚装门面而已。众所周知，教师和学生的直接和即时的注意在更多的情况下在于智力问题上。使直接考虑道德问题处于变动不居的最重要的地位，这是不可能的。但是致力于学习方法、获得智力的方法和汲取科学内容的方法,从而在其他情况下更加富于见识、前后一致和富有魄力,却并非不可能。"[1]

　　杜威分析的"道德观念"和"关于道德的观念"之间的区别,为我们分析历史的当今的道德教育问题提供了一把钥匙。关于道德观念的教育是直接的道德教育,把道德知识和道德行为紧密结合起来的教育是间接的道德教育。这两大不同的教育模式,相比之下,杜威更加赞成的是间接的道德教育。

　　上述"道德观念"和"关于道德的观念"之间的区别,为我们解释了学校教师和校外教育评论家之间从不间断的误解的根源所在。后者从头至尾浏览了学校的教学大纲、学校课程,发现并没有为伦理学教学或"道德教学"拨出任何余地。他们于是断言,学校在品格训练上毫无作为或几乎毫无作为;他们强调甚至猛烈批评公共教育的道德缺陷。另一方面,学校教师对这些不公正的批评感到愤慨,坚持认为他们不但确实在"教道德",而且他们一周五天每时每刻都在教道德。在这一争论中,教师原则上是对的,倘若他们是错的,并不是因为没有留出只能用于教授关于道德的专门课时,而是因为他们自己的的品格,或他们的学校氛围和理想,或他们的教学方法,或他们所教的学科内容,都不是如此详尽,足以使智力结果和品格有机地结合起来,成为他们的行为中的工作动力。因而,无须讨论所谓的直接的道德教学(或更好的关于道德的教学)的局限性或价值,我们或许可得出这样的盖棺之论:如果把借助教育的道德成长的全部领域考虑在内,直接的道德教学的影响即使在最好的情况下,在数量上相对而言也是比较少、在影响上则比较轻微。因此,这种范围更广的、间接的和生动活泼的道德教育领域,通过学校生活的一切机构、手段和材料对

────────────

[1] 杜威著,王承绪译.道德教育原理[M].杭州:浙江教育出版社,2003.8-9.

于品格的发展, 就是我们现在讨论的主题。[1]

　　有时候, 教育者往往传授一些关于诚实、勇敢、正义等方面的道德知识, 但杜威认为, 一般的受教育者其实并不缺乏关于诚实、勇敢、正义等这些概念和其重要性的知识, 学生们缺乏的是那些能够保障见效于他们行为之中的理智的道德判断能力和道德反省能力, 所以杜威强调的是进行什么内容和什么方式的道德教育。

二　道德教育与社会生活相结合

　　杜威非常重视道德教育在整个学校教育系统中的地位和作用, 在他看来, 一切道德都含有社会性, 体现着人与人之间的关系, 在学校教育中, 要把学校中的各种因素都结合起来, 形成无所不在的间接的道德教育。一般学校教育中, 德育和智育经常被分离开来, 而这种分离就是道德教育的大忌, 教育目的上所有的官能训练究其原因就在于把学校和社会生活分离开来。而杜威则认为, 道德教育必须要和社会生活相联系。杜威说:

　　除了参与社会生活之外, 学校就没有道德教育目的, 也没有什么目标。只要我们把自己封闭在学校——一个孤立的机构之内, 我们就没有指导原则, 因为我们缺乏目标。譬如, 据说教育的目的是个体的全部能力的和谐发展。这里没有明显提到合乎生活或社会成员身份, 然而许多人认为我们已经充分而彻底地给教育目的下了定义。但是假如这一定义独立于社会关系, 我们就无法说出任何一个所使用的名词的意思。我们不知道能力是什么, 我们不知道发展是什么, 我们不知道和谐是什么。能

[1]　杜威著, 王承绪译.道德教育原理[M].杭州: 浙江教育出版社, 2003.9.

力只有依据其所能派上的用场及其必须发挥的作用,才不失为能力。倘若我们避而不谈社会生活所提供的用途,我、我们就只能让老一套的官能心理学来说明能力的意思和特定能力的意思。原则沦为列举许多能力,如知觉、记忆和推理等,然后指出这些能力中的每一种都有待发展。

教育于是成了一种体操。敏锐的观察力和记忆能力或许可依靠对汉字的研究而得到发展;推理的敏锐性也许可借助对中世纪的烦琐哲学的细微差别的讨论中获得。简单的事实是,正如没有原始的做铁匠、做木匠或操作蒸汽机的能力一样,也没有任何孤立存在的观察能力、记忆能力或推理能力。能力只是说明,特定的冲动和习惯是为了完成某些确定的工作而协调一致组织起来的。我们有必要知道个体在其中将不得不运用观察、回忆、想象和推理等方面的能力的社会环境,以期有可能说明精神训练的实际含义。

这一有关教育的特定定义的举例说明,无论从什么观点来看对我们探讨问题也是有用的。只有当我们依据与学校活动有关的社会活动这一更大的范围来阐述学校活动时,我们才能找到判断道德上的意义的标准。[1]

杜威批评了伦理原则的两面派现象,有的时候人们故意提出两套伦理原则,一套是关于校园内生活的,一套是关于校园外生活的,但是杜威认为学校不能是一个单独存在的社会机构,不能把学校和社会脱离开来。学校作为社会的基本机构,在维持生活和增进社会福利方面发挥着重要的作用,整个学校系统都承担着重要的伦理责任,如果学校奉行独特的伦理原则就是不负责任和玩忽职守的体现。

这种与社会生活相结合的道德教育目的就是为了培养符合美国民主的公民。

─────────

[1] 杜威著,王承绪译.道德教育原理[M].杭州:浙江教育出版社,2003.12-13.

"儿童不止是要成长为一个投票者和法律的调整对象，他同样要成长为家庭的一个成员。他本人多半转而要承担起养儿育女的责任，由此负起维持社会的连续性的责任。他将成为一名从事某种职业的工人，这项职业将有益于社会并使他得以保持独立和自尊。他将成为某一特定邻里和社区的一个成员。不管身在何处，必须为生活的价值做出贡献，为文明增光添彩。这些陈述空无内容、徒具形式，但假如让我们的想象把它们表达成具体详尽的细节，我们就会拥有一幅开阔而丰富的风景画。对儿童来说，要在这些不尽相同的相关职责中占有适当的一席之地，就意味着在科学、艺术和历史等方面的训练；就意味着掌握基本的探究方法和交流手段，意味着受过训练和健康的体魄、娴熟的手艺和敏锐的目力；就意味着养成勤勉和锲而不舍的习惯；一言以蔽之，就是有用的习惯。

而且，儿童将成为其中一员的社会是美国，一个民主的和进步的社会，儿童必须接受有关服从的教育，而且也要接受有关领导才能的教育。他必须具有自我指导和指挥别人的能力，进行行政管理的能力，以及负担与其地位相称的责任的能力。这种有关领导能力的教育，在政治方面与工业方面一样不可或缺。

新发明、新机器和新的交通与交往方法正在逐年改变整个面貌。教育儿童一生固定在任何一个位置上，是完全不可能的。只要教育在此基础上是自觉或不自觉地进行，其结果是使未来的公民在一生中无法适应任何一个位置，而是使之游手好闲、钻营拍马，或者在前进运动中起着真实的阻滞作用。他成了一个要求别人关心他的人，而不会照顾自己和别人。同样在这里，我们不从最广泛和最自由的意义上来理解学校在社会方面的伦理责任；它与儿童的训练同等重要，这种训练将使儿童得以控制自我，从而对自己负责；也许会使他不但适应从不间断的变化，而且有能力形成和指导这些变化。[1]

----

[1] 杜威著，王承绪译．道德教育原理[M]．杭州：浙江教育出版社，2003．11—12．

可见，杜威在道德上的全部主张都是为了美国的民主社会服务的。当时美国正处在农业社会向工业社会转型的时期，美国民主遭遇到了危机，杜威的思想恰恰是对危机的反应。

在道德教育方式上，我们可以把杜威的观点做一下归纳。

第一，通过学校生活进行道德教育。儿童品德的形成源于他们对生活的体验、认识和感悟，只有源于儿童实际生活的教育活动才能引导他们内心的、真实的道德体验和认知。杜威在他自己的实验学校中打破了课程的学科设置，进行活动教学，比如木工、园艺、金工、烹饪等等，让儿童在这些活动中学会沟通，与他人合作。这些活动与人类的衣食住行密切相关，既能引起儿童的兴趣，又能代表社会的情境。依托社会化的学校生活，学校的道德氛围才能变得生气勃勃。这也是杜威"学校即社会"的思想在道德教育领域的体现。

在我们当前的学校生活中，也有一些教师运用杜威的理论把对学生的道德教育与生活密切地联系起来，但是也有一些教育笑话需要我们反思。例如一所学校让孩子理解父母曾经过的苦难生活，学会珍惜粮食和钱物，设计让孩子吃"忆苦思甜"饭，就是吃素食和杂粮，结果孩子们体验到很新鲜，因为学生们在城市吃大鱼大肉很腻味了，感觉很好。结果活动结束后学生们问老师，什么时候再搞忆苦思甜活动，很想再吃吃忆苦思甜饭。通过生活对儿童进行道德教育，一定要贴近儿童的现实生活，贴近儿童的思维方式。

第二，通过各科教材进行道德教育。道德对人的成长来说，并不是人生的一个特别阶段，道德生活也不是人生的某一段特别的生活。因此，道德教育不一定是一门单独的课程，杜威从来也不认为道德教育可以和其他课程分离开来单独进行。学校教育中所有教学科目都是丰富的道德教育资源。教师要具有把各种知识题材与个体道德发展保持联系的能力。在各个科目的教学过程中，教师也不能忘却自己的道德责任。当一个学科遵照社会生活的方式去讲授的时候就具有了积极的道德意义。在手工课程上，只要教育的方式得当，就可以培养学生的合作意识和交往意识。在地理课上，表面上是让学生学会地理知识，但是可以让学生学会物质生产与人类生产生活的关系，地理会让人知道不同地方不同的生活方式，让其学会理解与宽容。不同的学科都可以挖掘道德教育资源，把道德教育渗透在各个学科之中，效果要比单一的道德教育明显得多得多。

案例：美国《灰姑娘》教学过程

上课铃响了，孩子们跑进教室，这节课老师要讲灰姑娘的故事。

孩子很快讲完了，老师对他表示了感谢，然后开始向全班提问。

老师：你们喜欢故事里面的哪一个？不喜欢哪一个？为什么？

学生：喜欢辛黛瑞拉（灰姑娘），还有王子，不喜欢她的后妈和后妈带来的姐姐。辛黛瑞拉善良、可爱、漂亮。后妈和姐姐对辛黛瑞拉不好。

老师：如果在午夜的时候，辛黛瑞拉没有来得及跳上她的南瓜马车，你们想一想，可能会出现什么情况？

学生：辛黛瑞拉会变成原来脏脏的样子，穿着破旧的衣服。哎呀，那就惨啦。

老师：所以，你们一定要做一个守时的人，不然就可能给自己带来麻烦。另外，你看，你们每个人平时都打扮得漂漂亮亮的，千万不要突然邋里邋遢地出现在别人面前，不然你们的朋友要吓着了。女孩子们，你们更要注意，将来你们长大和男孩子约会，要是你不注意，被你的男朋友看到你很难看的样子，他们可能就吓昏了（老师做昏倒状，全班大笑）。

老师：好，下一个问题，如果你是辛黛瑞拉的后妈，你会不会阻止辛黛瑞拉去参加王子的舞会？你们一定要诚实哟！

（过了一会儿，有孩子举手回答）

学生：是的，如果我是辛黛瑞拉的后妈，我也会阻止她去参加王子的舞会。

老师：为什么？

学生：因为我爱自己的女儿，我希望自己的女儿当上王后。

老师：是的，所以，我们看到的后妈好像都是不好的人，她们只是对别人不够好，可是她们对自己的孩子却很好，你们明白了吗？她们不是坏人，只是她们还不能够像爱自己的孩子一样去爱其他的孩子。

老师：孩子们，下一个问题，辛黛瑞拉的后妈不让她去参加王子的舞会，甚至把门锁起来，她为什么能够去，而且成为舞会上最美丽的姑娘呢？

学生：因为有仙女帮助她，给她漂亮的衣服，还把南瓜变成马车，把狗和老鼠变成仆人。

老师：对，你们说得很好！想一想，如果辛黛瑞拉没有得到仙女的帮助，她是不可能去参加舞会的，是不是？

学生：是的！

老师：如果狗、老鼠都不愿意帮助她，她可能在最后的时刻成功地跑回家吗？

学生：不会，那样她就可以成功地吓倒王子了。（全班再次大笑）

老师：虽然辛黛瑞拉有仙女帮助她，但是，光有仙女的帮助还不够。所以，孩子们，无论走到哪里，我们都是需要朋友的。我们的朋友不一定是仙女，但是，我们需要他们，我也希望你们有很多很多的朋友。

老师：下面，请你们想一想，如果辛黛瑞拉因为后妈不愿意她参加舞会就放弃了机会，她可能成为王子的新娘吗？

学生：不会！那样的话，她就不会到舞会上，不会被王子遇到，认识和爱上她了。

老师：对极了！如果辛黛瑞拉不想参加舞会，就是她的后妈没有阻止，甚至支持她去, 也是没有用的, 是谁决定她要去参加王子的舞会?

学生: 她自己。

老师: 所以, 孩子们, 就是辛黛瑞拉没有妈妈爱她, 她的后妈不爱她, 这也不能够让她不爱自己。就是因为她爱自己, 她才可能去寻找自己希望得到的东西。如果你们当中有人觉得没有人爱, 或者像辛黛瑞拉一样有一个不爱她的后妈, 你们要怎么样?

学生: 要爱自己!

老师: 对, 没有一个人可以阻止你爱自己, 如果你觉得别人不够爱你, 你要加倍地爱自己; 如果别人没有给你机会, 你应该加倍地给自己机会; 如果你们真的爱自己, 就会为自己找到自己需要的东西, 没有人可以阻止辛黛瑞拉参加王子的舞会, 没有人可以阻止辛黛瑞拉当上王后, 除了她自己。对不对?

学生: 是的。

老师: 最后一个问题, 这个故事有什么不合理的地方?

学生: (过了好一会) 午夜以后所有的东西都要变回原样, 可是, 辛黛瑞拉的水晶鞋没有变回去。

老师: 天哪, 你们太棒了! 你们看, 就是伟大的作家也有出错的时候, 所以, 出错不是什么可怕的事情。我担保, 如果你们当中谁将来要当作家, 一定比这个作家更棒! 你们相信吗?

孩子们欢呼雀跃。[1]

　

这是互联网上流行的一个教学案例, 在这个案例中我们可以看到杜威所说在各个学科的教育中对儿童进行的道德教育。在这个案例中, 教师通过灰姑娘的故事使学生学会了许多好的品质, 站在别人的角度思考问题、乐于帮助别人、

---

[1] 本案例来源于网络。

注重自己的仪表、积极主动的参与、遵守时间等。

第三，通过教学方法进行道德教育。教学方法并不是将知识传递给受教育者的一个手段，以正确合理的方式传授知识和技能，同样可以对人的精神产生良好的影响。教学方法在关注学生之间的合作交流活动中发挥出道德教育的作用。而在众多的方法中，主要培养儿童的思维。在杜威看来，科学和道德具有一致性。科学与道德都是为了实现人类的自由的，杜威也力图将科学判断和道德判断统一起来。人们在进行价值判断的时候，也包含着观察、分析、假设和验证等科学判断的方法。在一般人看来，一个人遵从某种价值观只是个人喜好问题，这就是价值判断，但是杜威看来这只是一个事实判断，要想构成一个价值判断，还必须有一个条件，就是个体喜欢某个东西或遵从某个价值观是否值得的问题，有了这个经过证实的结果才会形成价值判断。因此，价值判断的过程就具有了客观的进程。对儿童进行道德教育，要培养儿童的道德判断思维。因此，在问题教学法的使用过程中就能培养儿童的思维，也就在培养儿童的道德。在学校教育中培养儿童的科学思维，实际上就是培养儿童在道德情境下运用反省思维的能力。

三 处理好道德教育中的三对矛盾

（一）理想与现实

道德教育只有真正地帮助人们解决道德生活的实际问题才能真正走进人们的生活。人们为了获得安全感在寻求确定性的时候，就把理想和现实分离开来。杜威分析了人类把善寄托于理想的起源。

人类的联想与回忆，经过想象的纱网状的淘汰，使其合乎情感的要求；人类经验未有其这种经过的联想回忆，才成为人性的，这事实是人们曾经注意过的。从人道看来是有趣味的生活，如够不上训练的结果，是空闲的厌烦期间充满着激动并快意的意象的生活。就这个意义说，在人类经验中，诗是先于散文的；宗教是先于科学的，修饰装潢的技术，虽不能替代使用，却很早就到达了与实用技术不相称的发展。为要得到满足与喜悦，为要培养情绪并使意识生活的川流有强度有色彩，由以往经验而出的提示受了造作，以磨去它的不适意处而增高它娱人的力量。某些心理学者主张人有所谓"忘却不快的事物之自然倾向"——以为人在思想及回忆上避掉不适意的东西，正如在行为上避免可憎的东西一样。个人心思庄重的人知道道德的训练所需努力的大部分是在于致于承认自己以前和现在行为的不适意结果之勇气。我们纠缩、闪避、狡脱、乔装、掩盖、自恕、文饰——任何可以使心理场面减少不投合性质的事情都做。总之，自发的暗示的倾向是把经验理想化，在意识上赋予经验以在实际上没有的品德。时间和记忆是真正的美术家；它俩把是在变相使之更贴近人心的愿欲。

想象越自由越不为具体的实事所制裁，理想化的倾向，脱了这朴陋世界的羁勒，就越飞越高。想象改造经验时所最着重的东西就是在实际中没有的东西。生活平静舒服到什么程度，想象就驾缓、鲁钝到那程度，生活平静舒服到什么程度，幻象就受激引而结构相关的情形的图像。认清任何人的"空中楼阁"的特性，你可以对于他被阻压不遂的心愿做个巧中的猜测。在实际生活内是困难与失望，在遐想内就成了动人的成功与胜利。在事实上是消极性的，在幻象所构成的意象中就成了积极的；在行为上是抱憾的，在理想化的想象中得到卓著的补偿。[1]

这样的观念导致人们认为只有在永恒不变的理想中才能找到纯粹永恒的善，他们总是认为现实是不完善的，因为现实缺少稳定和统一，必须到永恒的理想中获得永恒的善。杜威反对这种观点，前文我们讲过，杜威把世界当成是变化的世界，在杜威眼里，变化不是美德堕落和不完美的标志，无论是现代科学技术的发展还是人们的实际生活，人们对理想的追求不能脱离对现实生活的考察、探究、辨析与论证。所以，在道德教育上，必须克制追求道德唯美主义的倾向。当然杜威这样讲并不是否认理想，而是以倡导积极主动的道德观念来解决这个矛盾。当积极主动的道德观念深入人心的时候，理想就不再是孤零零的东西，而是变成了人们生活中的可能性，这时候的理想就不再是与人们的现实生活毫无关系的，在与现实矛盾的时候，人们可以运用自己的反省思维来解决各自的问题，道德在人们的实际行为和实践中实现了自己的理想。对我们中国的教育工作者来说，我们要注意的是我们对学生的道德要求不能是具有唯美主义倾向的，对学生的道德要求要符合学生的生活需要。

（二）自由与权威

自由与权威的矛盾是道德生活中的又一对矛盾，也是理想与现实矛盾的深

---

[1] 杜威著, 胡适等译.哲学的改造[M].合肥: 安徽教育出版社, 2006.58—59.

化。人们在追求崇高的道德理想时候，必然造成对权威的盲目遵从，这就导致了自由的失去。

杜威对自由的看法别具一格。自由有三种主要的形态：我们所做的选择，我们执行这些选择时的行动力量，促进我们睿智与预见的成长和发育的能力。自由不是恩赐的自由，不是教育者给予受教育者的自由，而是学生自身努力争取的自由。杜威认为：

第一，自由不只是一个观念、一个抽象的原则，它是进行一些特别工作的力量、实际的力量。没有一般的自由，所谓概括的自由。如果有人想要知道在一定的时间自由的条件是什么，他就要考察一下哪些事情人们能够做，而哪些事情他们不能够做。当人们一开始从实际行动的观点来考察这个问题时，就立即明白了；对自由的要求是一种争取权力的要求，或者是掌握尚未被掌握的行动权力，或者是保持和扩张已有的权力。既有经济制度的经理人们和受益人们在自由这个问题上目前的这种无谓的惊慌，只要我们把它看作是保持既有权力的要求，就立刻可以得到解释了。既然是既有制度给予他们这种权力的，因此，在这里，自由就不可避免地等于保持那种制度。把目前关于自由的喧嚷翻译成为保持已有权力的斗争，它就有了意义了。

第二，实际权力的掌握总是在一定时候所存在的权力的分配情况。一个物理学上的比喻可以搞清楚我的意思。水向下流和电流的流通是因为位差 (difference in patentials)。如果地面是在水平线上，水就是静止的。如果在海洋上有巨浪，那是因为有另一种力量，即风的力量发生作用，而风又是由于在不同的点上温度分配的差别所产生的。在物理学上如果不把一件事物的能力和实际力量同其他事物所表现出来的能力关联起来，就表现不出这件事物的能力或实际力量。如果不把一个人、一个集团或一个阶级的自由或实际力量同其他个人、集团和阶级的自由、实际力量看，就没有这一个人、这一集团或这一阶级的自由或实际力量了。

第三，自由是相对于既有的行动量的分配情况而言的，这意味着说没有绝对的自由，同时也必然意味着说在某一地方有自由，在另一地方就有限制。在任何时候存在的自由系统总是在那个时候存在的限制或控制系统。如果不把某一个人能做什么同其他的人们能做什么和不能做什么关联起来，这个人就不能做任何事情。[1]

杜威所有这些表达其实有一个核心含义，即自由不是一个名词，不是一个形容词，而是一个动词。在电影《死亡诗社》中所表现的对自由主义的追求，其实就是把自由当作一个动词，不断地争取不断地行动，基丁老师带领一群学生在诗歌的海洋中追逐属于自己的梦想。在基丁老师的带领下，学生们以自己的行动践行了对自由的理解与追求。这部影片的基本情节是：

纪念威尔顿100周年的开学典礼上，校长诺伦博士骄傲地追述着学校的辉煌成就，并让同学们牢记四大信条：传统、荣誉、纪律和卓越……新学期开始了。沉闷的氛围、陈腐的说教，使得学生们备感压抑。而教师约翰·基丁的第一堂课令大家惊诧不已，他把课本序言中某博士用数学坐标来分析诗歌的论述斥为"屁话"，然后让学生们把序言通通撕掉。他不断用诗歌来激发孩子们的独立思考和自由思想，告诉他们要"抓住今天，及时行乐"。他站在桌子上念诗，他引导最胆小的学生托德在讲台上大声念出自己的诗。他让同学们重建了他上学时曾经组织的"死亡诗社"。尼尔深受基丁的影响，他鼓足勇气出演了话剧《仲夏夜之梦》，面对父亲的阻挠，他坚定地说："我生命中第一次知道我想做什么！而且第一次我决定去做！不论我的父亲让不让！及时行乐！"演出成功后，他被父亲带回家，得到的是"我要你上哈佛，做医生"及转学的决

---

[1]　杜威著，傅统先、邱春译.人的问题[M].上海：上海人民出版社，1965.80—90.

定，当晚，尼尔自杀。悲剧由此开始，学生们在学校的压力下纷纷在基丁老师导致尼尔死亡的认定书上签了字，基丁也被勒令离校。一切恢复了最初教条式的学习生活，在基丁回来收拾东西，即将走出教室时，那个曾经最怯懦的学生托德忽然站在课桌上，大声说："船长，我的船长！"以此为基丁送行。一时间，大部分学生都站在了课桌上为他们的"船长"送行。"谢谢你们，孩子们！"基丁深情地留下了一个微笑。

影片带给人们的是沉重的思考，基丁老师和那些追求自由的学生们在自己的青春生涯中付出了成长的代价。而这部影片表达了杜威曾经表达过的一个思想，"个人的自由是一个活动的自由，是将人的能力从任何拘束它的东西解放出来的过程"。[1]

当然，在自由和权威的问题上，杜威并不是彻底地反对权威，强调自由抛弃权威并不是彻底地反对权威，杜威反对的是外在的权威。在道德教育领域内，教材的权威还是必要的，当教材能够反映个体的兴趣、爱好、需求和能力，即按照受教育者所能接受的程度来设计，这个时候需要施加教育者一定的权威指导。因此在实现自由的时候，杜威反对外在的权威，反对强迫个体接受僵化的道德知识。

在学校教育中，自由与权威的矛盾体现在儿童的自由与教师的权威上。教师要对儿童进行指导，对他们先天的冲动和兴趣进行刺激，使他们获得参与教育活动的动力。在这个意义上，教师要成为儿童活动的组织者，要让儿童在活动中感受到道德的意义与价值，在激发他们道德热情的同时培养他们的辨别能力，培养他们的道德反省思维。在儿童的自由方面，要使每个儿童在不损害他人的限度下充分享有个体在行动上的自由，引导儿童积极行动起来，不能苛刻地

---

[1]　杜威著，胡适译.哲学的改造[M].合肥：安徽教育出版社，2006.116.

要求儿童的一切行为都是完美的。

（三）原则与情境

原则与情境是道德生活中的第三对矛盾，这对矛盾可以看作是理想与现实矛盾在实际生活中的展开。在道德领域里，有很多人是普遍性道德的主张者与赞成者，但是杜威反对普遍的道德原则，人们应该从崇高的道德理想中走出来，走进现实的道德生活。杜威认为，我们应该把规则当成原则来看待，原则具有普遍性，有恒常的有效性，但它的有效性最终还是依赖于它们对某个情境的适用性，原则本身并不具备任何规范性，但是我们需要原则，因为没有原则我们就会缺乏能给我们提供背景知识的帮助。道德情境具有不确定性，不考虑不确定性就不能面对道德情境、解决道德问题。例如偷盗是否是道德的，要根据具体情况具体分析。

原则的道德意义是理智的而不是专横的——这向我们提出了考虑一般原则的价值问题时的实质。规则是实践的，它们是行事的惯常做法。但是原则是理智的：它们是判断事物的有用方法。直觉主义者和功利主义者（体现于穆勒的引语中）的根本性错误是，他们费心寻觅那些能自发地告诉行为者该追随什么样的行为途径；然而，道德原则的目标在于，提供使个体得以亲自分析他不知不觉置身于其中的具体情景中的善与恶的要素的立场和方法。真正的道德原则从来不曾规定明确的行为途径：规则，譬如食谱，也许会告诉行为者该做什么和如何去做。道德原则，诸如纯洁的原则、正义的原则、金科玉律等，给予行为者以考察和检查所出现的特定问题的基础。它向他呈现出行为的某些可能的方面：它提醒他不可近视地或充满偏见地对待行为。它充分利用他的思维，向他提供借以考虑其欲望和目的的意义的要点：它向他提出他应该密切注意的重要问题，以此指导他进行思考。

金科玉律是一种分析方法——道德原则于是在既定的情景中并非为或不可为的命令：它是分析特定的情景的方法，其中的正当或错误完全取决于该情景而不是规则本身。我们间或听到有人如此说明，如普遍采用金科玉律可能会立刻停止纷争。但是假设每个人对这一原则信奉有加，它并不会马上告诉每个人怎样处理与人相处的复杂情况。当个体仍不清楚他们的真实优点时，若告诉他们将别人的优点视为他们自己可能具有的优点，这并不能最终解决问题。它也没有标明，不管我们自己所需要的东西如何详尽，我们应该努力对别人有所奉献。我喜欢古典音乐，但并不能因此说我们应该尽可能地强迫我的邻居接受古典音乐。但是"金科玉律"并没有向我们提供我们据以思考行为的立场，它向我们表明，我们有必要思考我们的行为如何影响我们自己的利益以及他人的利益。它倾向于防止思考的偏颇之处：它告诫我们，不可只因为它碰巧影响我们而不适当地估量痛苦或快乐的特定后果。简言之，金科玉律并没有发号施令，但是它确实简化了需在智力上进行审慎思考的情景的判断。

同情是合理的判断的激励原则——我们一再地（如在对意图与动机、直觉与审慎思考的讨论中）觉察到情感与思想之间的隔离是多么不自然。正如唯一有效的那种情感使之与占主导地位的兴趣糅和在一起的思想一样，唯一真正普遍的、合理的、不同于纯粹敏锐的或精明的思想是宽宏大量的思想。同情扩大了我们对后果的兴趣，并使我们考虑诸如影响他人的福利的结果：它助于我们认真考虑这些后果，认为它们与那些触及到我们自己的荣誉、资金或权力的后果一样举足轻重。设身处地为别人着想，从别人的目的和价值观的立场看问题，将我们对我们自己的需要和权利要求的估计，降低到一个充满同情心和毫无偏见的观察者看来能想象的水平，是获得道德知识的普遍性和客观性的最为可靠的方法。一言以蔽之，同情是道德知识的一般原则，这并非因为它的命令（它们不必优于），而是因为它提供了最为可靠的和有效的智力上的观点。它提供了出类拔萃的用于分析和解决纷繁复杂的情况的方法。正如我们在上一章所说的一样，所必需的是对他人的充满同情心的冲动的融合：我们现在所补充的，在这一融合中，同情提供了有效的、综合的和客观的有关欲望、计划、决心和行为的检查的基点。它从抽象的和纯理论的特点，转换成康德的形式的和空洞的理性，又如它使对功利主义的客观评价成为对公益的承认。[1]

所以在行动上，处理原则与情境的问题上，杜威把道德原则当成是解决道德问题的手段，他建议人们放弃对于普遍性道德原则的盲目崇拜，走进具体的生活，强调对实践中的具体个人充满同情的理解。我们可以通过两个案例来讨论。

案例：教师的言语暴力导致学生的自杀

11岁的小梅午睡的时候忽然发现家里来了人，小梅有点害怕是小偷，就没有起来，她听见这个人叫了声小梅，小梅没有出声，等到这个人走了以后小梅发现了家里的东西丢失了，于是她报警让警察抓到了这个小偷。

小梅的机智勇敢在学校里传开了，人人都夸奖她，一次思想品德课上，老师让小梅谈谈当时的感受，小梅说她一开始很害怕没有出声，等小偷走了才报警的。最后，老师说，小梅同学不够勇敢，在知道是小偷的情况害怕了是不对的，小梅同学应该像黄继光、邱少云那样。结果全班同学觉得老师说得有道理，小梅也觉得自己做错了，过了几天小梅实在受不了巨大的心理压力选择了自杀。

教师对学生提出的道德要求固然是遵循了某种道德原则，但是教师对学

---

[1] 杜威著，王承绪译.道德教育原理[M].杭州：浙江教育出版社，2003.273—275.

生的道德要求应该是符合生活需要，活着是为了美好生活。道德要求应该是客观所需和主观欲求高度一致的。对小梅的道德要求应该是让她更好地生活，而是提出脱离她生活的而且达不到的道德要求，也就是说在这个案例中老师把原则与情境对立起来，导致了悲剧的发生。

案例：教授和狗的故事

有位老师来找我，说自己有一个问题，问了很多人，但依然不能解其困惑。

故事是这样的：

教授在去上课的路上看到一只狗掉进了一个泥潭，如果不救狗，狗就会被淹死，如果救狗，他就会迟到十分钟。教授思索一下，决定救狗。回到课堂上，同学们问明迟到的原因，都表示可以理解。

第二天，又出现了同样的情况，教授又一次救了狗。但回到课堂上，有一部分学生对教授的迟到表示了不满。

第三天，又出现了同样的情况，教授犹豫了一会，但依然救了那只狗，回到课堂上，几乎所有的学生都对他的迟到表示强烈的不满。

第四天，又出现了同样的情况，教授犹豫了一会，没有救狗走了，但狗死了。回到课堂上，所有的同学都骂教授没有人性！

教授心里充满了困惑。如果您是教授，心里觉得困惑吗？怎么解决这个困惑？请问您在困惑什么呢？是不是觉得左右为难？[1]

在这个案例中，教授的困惑来自于他头脑的混乱，来自于他原则的不坚定。杜威在道德上提出处理好原则和情境之间的矛盾，但并不是让我们丝毫没有道

---

[1]　本案例来源于网络。

德原则。教授在第一次遇到狗的时候,他有一个明确的原则:狗的性命大于迟到十分钟。但随着学生们的反应,教授的原则在变化:狗的性命的重要性在下降,迟到十分钟的重要性在提高,到了第四次的时候,狗的性命已经小于迟到十分钟了。教授的原则在随着他人对他的评价和态度而变,但他人的评价并不能保持一致性,不同的人、相同的人在不同的时间都会出现不同的评价,所以,依据他人的评价改变自己的原则,必然会导致无所适从。教授缺乏自己的原则导致了最后的混乱状况。科学思维在于尽可能减少主观因素对决策的影响。所以这个案例提供者说:"如果我是教授,我的原则是狗的性命大于迟到十分钟,那么,无论有多少次,我都会毫不犹豫地选择救狗。我会跟学生们说,狗的性命大于迟到十分钟,这就是我的原则,我会永远如此。如果你们受不了,你们可以采取你们的措施,那是你们的权利。如果你们能够接受,我非常感谢你们的理解!"

杜威认为需要培养儿童科学思维,培养儿童处理道德问题的能力。但是在道德教育上,杜威最重视的学科并不是科学,而是历史。杜威认为,历史是道德教育最有效的工具。因为可以通过了解历史,把历史当作间接的社会学教给学生,学生就可以认识到社会生活的价值,从而能够理解哪些品质是有好处的、哪些品质是不适宜的。当然杜威以放弃普遍原则这样来解决道德问题上的纷争也是存在缺陷的,因为放弃普遍性原则关注具体的道德情境也会把实用主义逼上绝路。杜威的实验主义强调问题的逻辑先在性,追问如何解决问题,但是这些问题为什么会发生,则是杜威的实验主义解决不了的。

四　道德教育需培养儿童核心的品质

杜威认为良好的道德品质就是让儿童养成良好的心理习惯。这种心理习惯有三种最为重要。

第一是虚心,杜威也把它称为公开的心,核心的含义就是只要是真理就要接受。杜威认为，有三种心态阻碍了虚心的状态。第一个是成见，由于有了先入为主，就会对后来的事情有抵触心理，先入之见对后来的观念产生抵抗。第二个是骄傲，意思就是凡是不符合我的观点的都要抵抗，骄傲就是以自我为中心。第三个就是自私自利的观念，认为凡是有利于自己的就是好的，不利于自己的就是不好的。杜威说："这种去掉成见、我见和自利观念的虚心，表面上虽与知识有关，是知识方面的事，其实与人生行为也有密切关系。例如'公正'是道德上的问题，然要做到公正，而先有成见，则如何行呢？因必须有容纳人家的观点和意见的虚心，然后能做到公正。又如，'慷慨'不是道德上的问题吗？然倘不先去掉成见，如何能慷慨呢？'公正'和'慷慨'两种如此，我们可以推知虚心不仅是知识方面的事，而与道德上养成容纳反对的意见和观点的习惯是很有关系的。"[1]在学校教育中，如果仅仅是让儿童背诵一些知识，按照固定的程序学习固定的知识然后考试的时候再呈现出来，这样做是不能引起虚心的。因为这种教法可能会引起学生具有成见的态度。"教室中教师的教授重结果，而不重正确之历程。又如教儿童读数学的时候，只教他们答案的求得，而不教他们注意于如何求得答案。教儿童学习语言的时候，只教他们模仿成人、合乎文法，不教他们所以言语正确的缘故。这种教法都能够禁锢人的思想，都能使人的思想灭杀自由发展活动的余地"[2]。而这样做是无法培养学生的虚心的品质的。"做事不要先有成见，不要先顾自己厉害，总要顾这事体本身的厉害，这就是虚心"。[3]儿童具备的虚心的品质，就能不断地接受来自外界的事物从而实现经验的改组和改造。

案例：思想偏见

美国著名心理学家弗洛姆说过："人们的各种思想、各种观念、各种逻辑、各种

---

[1]　单中惠、王凤玉主编.杜威在华教育演讲[M].北京:教育科学出版社,2007.73.

[2]　单中惠、王凤玉主编.杜威在华教育演讲[M].北京:教育科学出版社,2007.139.

[3]　单中惠、王凤玉主编.杜威在华教育演讲[M].北京:教育科学出版社,2007.73.

语言、各种宗教，所有的一切都已经形成了一个网状系统。这个网状系统就像一个漏斗，凡是能够穿过这些网的(那些偏见的网的)信息，才能被你的经验所观察到，否则你看都看不到。"也就是说，我们能够观察到的信息，往往是经过一个偏见的筛网过滤过的。

有这样一则寓言故事《疑人偷斧》：古时候，有个人丢了一把斧头。他怀疑是邻家的儿子偷的，就很注意观察他，总觉得他走路、说话的时候总是鬼鬼祟祟，看起来就像是偷他斧头的人。没多久，这个人自己上山砍柴的时候，在山谷里找到了他丢失的斧头。这时候，他再注意观察邻家儿子的动作和态度的时候，就没有觉得他像是偷斧头的人了。

显然当我们心里对一件事情产生一个先入为主的态度的时候，我们就会很自然地在这种态度的影响下观察一切事物，这时候我们观察到的事物与其说是一种事实，倒不如说是一种片面支持自己观点的论据。

有很多人迷信名人，认为名人说的就对了。但岂不知有很多名人犯过严重的偏见。所以，不要盲目迷信权威，权威一样可能出错。我们来看一下世界上著名的十大愚蠢断言就知道了：

1. DEC (数字设备公司) 的奠基人和总裁肯尼斯·奥尔森(Kenneth Olsen)在1979年对电脑下过断言："没有理由让某个人在家中配备一台电脑。"

2. 法国陆军元帅，军事战略家，第一次世界大战指挥官费迪南·福煦(Ferdinand Foch)对飞机下过断言："飞机是个有趣的玩具，但没有军事价值。"

3. 三极管发明人和无线电之父李·弗雷斯特博士(Dr.Lee Forest) 在1967年2月25日对于登陆月球发表过断言："无论将来科学如何发达，人类不可能登陆月球。"

4. 20世纪福克斯电影公司总裁达里尔·扎努克(Darryl F. Zanuck) 在1946年对电视机的未来下过断言："(电视)上市6个月之后，不可能还有市场。每天盯着个三合板盒子，人们很快就会厌烦。"

5. 英国德卡唱片公司(Decca Records)曾在1962年这样拒绝了披头士乐队。"我们不喜欢他们的声音。再说，吉他乐队也正在退出舞台。"

6.《新闻周刊》援引洛杉矶外科医生G·麦克唐纳博士(Dr.Ian G.MacDonald)在1969年11月18日说过的话："对于大部分人来说，吸烟是有益的。"

7. 西方联合公司(Western Union) 1876年的《内部备忘录》曾对电话做过断言："这个'电话'缺点太多，无法作为通讯工具。这种玩意儿对我们没什么用。"

8. 2世纪古埃及天文学家托勒密(Ptolemy)说："地球是宇宙的中心。"

9. 英皇乔治三世在1776年7月4日，即美国独立日轻松地说过："今天没发生什么重要的事。"

10. 美国专利局局长查尔斯·杜埃尔(Charles H.Duell)在1899年说过："所有能够发明的，都已经被发明了。"

可见，即使是一些行业内顶尖的高手，也难免会产生严重的偏见。[1]

通过这个案例，我们可以发现，教育培养儿童虚心的品质是多么重要。

第二个是知识的诚实。杜威所说的诚实意思就是说真话，只不过不是在任何情境下都讲真话的意思，而是做人要对知识诚实，勇于表达真实的看法。"诚实是道德，平常用在办事上或营业上，而知识上的诚实，即指承认事实的价值。你错了，你必须能承认；你的仇敌不错，你也必须承认他。不要事实如此，我见如彼，一味颠倒是非、装面子、文过，都是知识上的不诚实。知识的诚实即是只认事实、不认厉害，所以有许多旧的教法只可养成'贰心'。学校中的'贰心'是什么呢？就是心思一方面上课，一方面想他们自己的上天下地的事体。考试时

---

[1]　本案例来源于网络。

不准把他们自己所想的写出，只准照先生所讲一字也不能错，这自然只可养成贰心的习惯了。还有什么知识上的诚实？"[1]所以杜威所说的诚实实际上是允许学生发表自己的真实看法，不能因为先生教了什么内容就不敢发表自己的看法。而要改变这一点需要把学校内的功课和校外的生活结合起来，如果儿童对课内的知识都没有兴趣、对课外的内容很有激情，那么"贰心"必然产生了，儿童也就不能集中精力做事情了。

案例：小学教材中的荒谬

扬子晚报9月24日报道：空洞的说教、随意的"改编"、模棱两可的事实、甚至杜撰一个个"名人故事"，这样的课文竟然在时下通用的小学语文教科书里时有出现——浙江3位较真的语文老师，咬文嚼字，挑出了课本里的刺。

前天，杭州语文教师郭初阳来到钱江晚报编辑部，拿出了他整理的"问题课文"目录和点评。他说，他用几个月时间，仔细梳理了全国包括浙江广泛使用的"人教版"、"北师大版"、"苏教版"小学语文教材，用现代公民的视角进行审视，发现很多值得注意的问题。

绍兴稽山中学的蔡朝阳老师、桐乡凤鸣高级中学的吕栋老师，也都发现了小学语文教材中的各种问题，并把这些问题发给记者，希望更多读者来商榷。[2]

案例：爱迪生真的救过妈妈吗？

"主要问题有四类：一是内容不符合历史与常识，如人教版的《爱迪生救妈妈》；二是缺少童心，扼杀儿童天性，如苏教版的《蘑菇该奖给谁》；三是思想不符合现代观念，如人教版的《妈妈的账单》；四是随意改编戕害经典，如苏教版《少年

---

[1] 单中惠、王凤玉主编.杜威在华教育演讲[M].北京：教育科学出版社，2007.73.
[2] 本案例来源于网络。

王冕》、北师大版的《不愿长大的小姑娘》等，至于无作者名字、无出处、无发表时间的"三无"文章，更比比皆是。"郭初阳说，时下的教材普遍缺乏经典作品，但可笑的是，有很多经典却被随意篡改后出现；有的课文内容老旧，灌输过时的思想；很多甚至连故事的真实性都让人怀疑。

"如人教版二年级下册第30课《爱迪生救妈妈》（人民教育出版社2007年10月，P137—139），虽然很感人，却在任何爱迪生的传记里都难以找到事实的根据，而且从医学上考究，当年也不可能做那么一个阑尾炎手术。"

郭初阳说，这样可笑的课文很多。如苏教版《云雀的心愿》中写道："云雀妈妈擦去头上的汗水……"鸟类没有汗腺，哪来汗水？[1]

案例：价值观陈旧，用美德"绑架"孩子

郭初阳仔细研究了3个版本的语文教科书后还发现，时下的课文说教的多，充满童趣、让孩子们快乐的课文却非常少，课文中的儿童形象也大多是成人化的。

"这些课文有赞美母亲的、提倡发明的、歌颂伟人的，却极少有童趣、符合少年儿童心理特点的课文。有的价值观陈旧，用美德'绑架'孩子，已经不能让时下的孩子们信服。"

郭初阳举了几个例子：苏教版的《蘑菇该奖给谁》中，兔子妈妈把蘑菇奖给了和骏马赛跑的小白兔，而把和乌龟赛跑的小黑兔冷落在一边；在北师大出版社的《儿子们》中，老爷爷无视唱歌跳舞的两个儿子，眼里只有正在劳动的儿子……

"三鹿奶粉事件，没有一个母亲不觉得触目惊心。现在部分语文教材，不就是混杂了各种成分不明的甚至有毒添加剂的劣质奶粉吗？看我们给孩子提供了怎样成长的营养？"郭初阳毫不客气地说。[2]

---

[1][2]　案例来源于网络。

案例：审视教材的一个准则：常识

"现行的几套主流小学教材，的确存在着很大的问题。"

前天，绍兴稽山中学教师蔡朝阳在接受记者采访时说："我提出一些观点，不敢说都是正确的，但是一种不同的声音。我在审视这些教材时，有一个准则就是：常识。"

桐乡凤鸣高级中学老师吕栋认为，教科书是孩子的文学启蒙，任何虚假都来不得。他说："看到我们的小学生每天捧着课本，用稚嫩的声音认真朗读这些文章，还把那些有可能是杜撰的故事背下来，我们能安心吗？"

三位老师挑出的"刺"：

●《检阅》：三年级下册第14课，人民教育出版社，2007年9月，第56—58页。

挑刺：波兰国庆日的更改已经20年，教材却视而不见。

●《地震中的父与子》：人教版小学语文五年级上册第17课，2008年5月，第93—95页。

挑刺：时间不明确，情节虚假不真实。

●《陈毅探母》：《语文》一年级(下册)第12课，江苏教育出版社，2007年12月，第63—65页。

挑刺：虚构故事。

●《母亲的恩情》：《语文》二年级(下册)第9课，江苏教育出版社，2006年11月，第52—54页。

挑刺：编排上"文包诗"，封闭了原诗想象空间。

●《乌鸦反哺》：《语文》三年级(下册)第9课，江苏教育出版社，2006年12月，第71—73页。

挑刺：乌鸦无家庭，无从反哺。以美德"绑架"孩子又一例。

●《不愿长大的小姑娘》：根据罗大里(意大利)的《不肯长大的小泰莱莎》改写。三年级上册，北京师范大学出版社，2008年5月第5版，第77页。

挑刺：改编时严重歪曲了原文。

●《朱德与兰花》：四年级下册，北京师范大学出版社，2004年12月第1版，第24页。

挑刺：故事时间均经不起推敲。[1]

在这个案例中：我们可以看出对儿童进行道德教育要提供真实的知识，只有真实的知识学生才能讲真话，如果学生都学习了虚伪的故事，在以后的生活中也就不敢讲真话了，那么我们的民主社会何以实现呢？

第三是责任心。"大概是两种意思：其一，是做事靠得住，不会耽误；其二，是无论这事的结果如何、厉害难易如何，自己既要承认要做了，不肯推诿给别人，就是自己肯担负做的事的结果的责任。责任心的习惯虽是道德方面的，而内中还有知识的部分。小孩子本不懂什么责任，也说不上责任，但他做事总预先看看效果然后干下去。效果既然看见了，无论如何总是要做。若不见明白的效果，上了人家的当，就无所谓责任心"。[2]在学校教育中，如果学生只是把教师教的内容背下来，就会导致学生没有预测效果的能力和判断的能力，这样对自己所做的事情也就没有了责任心了。所以责任心是和自由密切联系在一起的。"我们平常做事都很喜欢自由，不受别人的束缚，但一方面有自由，另一方面就须有和自由相称相对的东西就是责任心。这种责任心是不可少的。德谟克拉西之所以不能立即实现，就因为要有自由须有代价，这个代价就是责任心。要使个人能够自己负责任，能担当事体。"[3]可见，杜威所提出的民主社会中的合格公民实际

[1] 本案例来源于网络。

[2] 单中惠、王凤玉主编.杜威在华教育演讲[M].北京：教育科学出版社，2007.74.

[3] 单中惠、王凤玉主编.杜威在华教育演讲[M].北京：教育科学出版社，2007.141.

上是用于对事件负责任的人，而要想实现民主的理想，责任心的品质也是必不可少的。

案例：关于惩罚

道格拉斯与妻子离婚后，5岁的小女儿琼妮归他抚养。他教育琼妮逐渐明白了一个道理：每个人都有权利做自己愿意做的事，只要不违背大家共同承诺的游戏规则。而在人最宝贵的品质当中，诚实、善良、勇于承担责任排在前三位。在此基础上父女俩达成了一项共识：撒了谎就必须接受惩罚。于是，当小琼妮将幼儿园的拼图游戏板偷偷带回家，并撒谎说是同学给她的时候，父亲除了要她退回玩具、当面向老师道歉之外，给出三种惩罚要她选择：①一个星期不能吃冰淇淋；②取消周日的野餐；③接受肉刑，在屁股上狠揍两巴掌。琼妮选择了第三种。于是道格拉斯不得不打电话把前妻叫回家来当"监刑官"。这是因为在接受惩罚的问题上，父女俩同样形成了一种共识：因为过错我愿意接受惩罚，但任何人都不能剥夺我的尊严，我有权选择至少有一位目击者证实惩罚过程是否伤害到了我的尊严。

正当道格拉斯为自己的民主教育方式沾沾自喜时，几天后发生的一件事让他也尝到了被惩罚的滋味。

这是个星期一的早晨，因为周日带女儿玩了一天之后，贪恋酣睡，道格拉斯没有按时起床。当他开车送女儿到幼儿园时，已经迟到了。园长劳拉女士微笑着问小琼妮因为什么迟到，道格拉斯代她答道，因为昨天在公园里玩累了，小琼妮今天早晨多睡了一会儿，请老师原谅。"不，爸爸，你在撒谎！我没有贪睡，贪睡的是你！"身后的小琼妮愤怒地大叫，眼里噙满了泪水。尴尬的父亲不得不向园长承认自己说了谎，并向女儿道歉。小琼妮擦干眼泪，神情严肃地说："你现在有两种惩罚方式可以选择：①取消本周末和辛蒂小姐的约会；②接受肉刑。""宝贝，我选择接受肉刑，可你妈妈昨天出差去了，我缺少一位'监刑官'，来证实你在实施惩罚中没有伤我的尊严呐！"道格拉斯企图跟女儿打马虎眼，并且提出给女儿买新鞋子作为取消肉刑的交换条件，但女儿不依。在一旁饶有兴致地看着这场争执的劳拉女士此时提出，愿意担任本次肉刑的"监刑官"。于是，一个稚嫩的童音在幼儿园上空响起："请这位绅士体面地接受肉刑！"

一个人，要勇于为自己做过的事情承担责任，要诚实、守信。如果是因为自己的过错而接受惩罚，那并不是一件有失体面的事，相反，那说明了你是一个敢于负责、勇于担当的人。

培养学生的责任心其实就意味着把学生当成是独立个体，让他们敢于承担事情的后果，这样在社会生活中才是有责任感的合格公民。[1]

培养学生的责任心其实就意味着把学生当成是独立个体，让他们敢于承担做事情的后果，这样的人才是有责任感的社会公民。

案例：斯洛汀的故事

出生于加拿大的斯洛汀参加了美国的曼哈顿计划（研制世界上第一颗核弹）。一天，斯洛汀在实验室用螺丝刀轻轻把一块块钚片聚集成一团，使大到足以产生链式反应。不幸的是，螺丝刀突然滑落，钚片一下子靠得太紧。瞬间，每个人观察的仪器都显示出中子正在剧增，表明链式反应已经开始，整个房间充满放射线。斯洛汀立即用自己的赤裸的双手把钚片分开，这是一个自杀行动，因为他暴露在大量的放射线下。然后，他平静地要求7名合作者精确地标出他们在故事发生时所处的位置，以便确定每个人受到放射的程度。做完这些事，斯洛汀向医疗救护站报警，然后向同事们道歉，并且说：他将死去，而大家肯定会康复。[2]

---

[1]　本案例来源于网络。

[2]　黄向阳.德育原理[M].上海：华东师范大学出版社，2000.107

在这个故事中，斯洛汀的表现就是有责任心的表现，他勇于承担了自己行为的后果，虽然他为此付出了生命的代价，在教育教学的过程中，教师可以引用这样的真实案例对学生进行道德教育。

五　对杜威道德教育思想的反思

道德教育的根据是什么？道德教育的依据是道德本身的形成和发展，还是依据教育的原则与规律？对这个问题的不同回答就会带来不同的答案。杜威的道德教育依据是道德本身还是教育的原则？教不等于教会，道德教育注重教师如何促使学生道德的形成，而道德学习强调学生是如何习得道德的，这样的关注点的转变把道德教育问题追溯到道德的形成与习得上，使道德教育具有了更为充分的前提和基础。如果道德教育的依据是教育的话，那么也会带来一些问题。如果道德可以向知识那样进行累积的话，教师就可以进行灌输和传递道德，如果道德是像1+1=2这样，可以让学生知道的话，那么道德教育就和知识教育一样，但如果道德与知识不同，那么教师的道德知识教学对学生道德品质的形成有什么样的意义。是不是告诉学生说谎是不对的，学生就不说谎了么？正确的道德认知不一定带来正确的道德行为，所以道德教育和知识教育不一样。如果道德教育的依据是道德，道德是怎么形成的决定了如何对学生进行道德教育。显然杜威的选择是道德来源决定了道德教育的方式，杜威认为道德来源于人的生活，所以提出了生活道德教育论。

关于道德是如何产生的，有三派看法，一是以法国思想家卢梭为代表的浪漫主义，二是源于英国思想家洛克的文化传递主义，三是开创自美国教育家杜威的进步主义。浪漫主义的哲学基础是，道德是一种源于人内心的判断善恶是非的本性,儿童有先天的善,道德教育就是创造适宜的条件,让儿童自己发现和发展自己的本性。那些来自成人和社会的文化只会压抑他们的发展。文化传递主义认为,道德的形成恰恰是社会环境和文化作用的结果,因为人的行为和思想是能够被外在环境影响和控制的,教育就是运用各种方法把知识和价值传递给学生的过程。这两条路线都有明显的缺陷,首先是把道德看成可变的、相对的。前者把道德看成是个人的,后者把道德仅仅看成是一种社会需要,没有最终的标准。其次,这两个流派犯了自然主义错误,即直接从"是"推出"应该"。通俗来说,"是"在这里指人类身心发展过程中客观存在的心理学事实和规律,"应该"指人们希望教育所得到的好结果。浪漫主义把孩子身心的有规律性的发展直接等同于孩子善良道德的形成,主张让孩子在完全无拘无束的状态下展开其所谓的内在的善,实际上最终是取消了教育。文化传递主义立论的心理学基础是行为主义理论,主张人的某种行为会在受到外在刺激的情况下得到强化,所以,善良的品德会由于受到正面的强化而形成。前者走向了只重视主观世界自身的极端,后者走向了完全漠视主观世界的极端,两者都是不可取的。而杜威对教育的看法则引发了教育的革命,对后来的科尔伯格[1]等人都有深刻的影响。

　　显然,杜威的道德观念属于相对主义道德观,在今天的社会生活中,我们也不得不反思,我们是否需要永恒的道德,难道我们真的进入到道德相对主义

---

[1]　劳伦斯·科尔伯格 (Lawrence Kohlberg, 1927年10月25日—1987年1月19日) 美国儿童发展心理学家。他继承并发展了皮亚杰的道德发展理论,着重研究儿童道德认知的发展,提出了"道德发展阶段"理论,在国际心理学界、教育界引起了很大反响。而他选择的研究路线既不是主观主义的,也不是客观主义的,而是杜威所主张的录像,儿童的道德观念与儿童的生活密切相关。

的时代了么? 这显然是这个时代难以回答的问题。"朝闻道, 夕死可矣" "杀身成仁" "舍生取义" 中的 "道" "仁" "义" 所试图表述的, 就是至善, 然而今天的道德相对主义又有谁信奉这样的绝对道德呢? 这也许是今天我们每个人都要深入思考的问题。

《杜威教育名著导读》部分译本索引

1.The Child and the Curriculum,1902年版。

郑宗海译:《儿童与教材》,上海:中华书局,1922年版。

赵祥麟、王承绪译:《儿童与课程》,上海:华东师范大学出版社,1981年版。

赵祥麟、任钟印、吴志宏译:《学校与社会·明日之学校》,北京:人民教育出版社,1994年版。

林宝山、康春枝译:《学校与社会·儿童与课程》,台北:五南图书出版公司,1990年版。

2.Ethics, 1908年版。

余家菊译:《道德学》,上海:中华书局,1935年版。

3.Moral Principles in Education, 1909年版。

元尚仁译:《德育原理》,上海:中华书局,1921年版。

张铭鼎译:《德育原理》,上海:商务印书馆,1930年版。

顾岳中节译:《教育上的道德原理》,载:《杜威教育论著选》,赵祥麟、王承绪译:上海:华东师范大学出版社,1981年版。

任钟印译:《教育中的道德原理》载:《道德教育原理》,王承绪等译:杭州:浙江教育出版社,2003年版。

4.Inerest and Effort in Education, 1913年版。

张裕卿、杨伟文译:《教育上的兴味与努力》,上海:商务印书馆,1923年版。

任钟印译:《教育上的兴趣与努力》,载:《学校与社会·明日之学校》,赵祥麟、任钟印、吴志宏译:北京:人民教育出版社,1994年版。

5.Democracy and Education, 1916年版。

常道直编译:《平民主义与教育》,上海:商务印书馆,1922年版。

邹恩润(邹韬奋)译:《平民主义与教育》,上海:商务印书馆,1928年版。

林宝山等译:《民主主义与教育》,台北:五南图书,1989年版。

王承绪译:《民主主义与教育》,北京:人民教育出版社,1990年版。

林玉体译:《民主与教育》,台北:师大书苑,1996年版。

薛绚译:《民主与教育》,台北:网路与书出版社,2006年版。

6.Reconstruction and In Philosophy, 1920年版。

许崇清译:《哲学之改造》,上海:商务印书馆,1933年版(1958年商务印书馆重印改名为《哲学的改造》)。

胡适、唐擘黄译:《哲学的改造》,上海:商务印书馆,1934年版(2006年安徽教育出版社再版)。

7.Experience and Nature, 1925年版。

傅统先译:《经验与自然》,北京:商务印书馆,1960年版(2005年江苏教育出版社再版)年版。

8.The Sources of Science of Education, 1929年版。

张岱年、傅继良译:《教育科学之源泉》,北平:人文书店,1932年版。

丘瑾璋译:《教育科学之源泉》,上海:商务印书馆,1935年版。

王承绪节译:《教育科学之源泉》,载:《杜威教育论著选》,赵祥麟、王承绪译：上海：华东师范大学出版社，1981年版。

9.The Quest for Certainty，1929年版。

傅统先译：《确定性的寻求》，上海：上海人民出版社，1966年版（2004年上海人民出版社再版）。

10. How We Think，1910年版。

刘伯明译：《思维述》，上海：中华书局，1921年版。

伍中友译：《我们如何思维》，北京：新华出版社，2010年版。

11.How We Think: A Restatement of the Relation of Reflective Thinking to the Educative Process，1933年版。

丘瑾璋译：《思想方法论》，上海：世界书局，1935年版。

孟宪承、俞庆棠译：《思维与教学》，上海：商务印书馆，1936年版。

姜文闵译：《我们怎样思维》，载：《我们怎样思维·经验与教育》姜文闵译：北京：人民教育出版社，1991年版（该书是对How We Think，1910年的修订，编译本和译本各一）。

12.Experience and Education，1938年版。

曾昭森译：《经验与教育》，长沙：商务印书馆，1940年版。

李相勖、阮春芳译：《经验与教育》，贵阳：文通书局，1941年版。

李培囿译：《经验与教育》，上海：正中书局，1942年版。

姜文闵译：《经验与教育》，载：《我们怎样思维·经验与教育》姜文闵译：北京：人民教育出版社，1991年版。

13.Freedom and Culture，1938年版。

吴俊生译：《自由与文化》，台北：正中书局，1953年版。

林以亮、娄贻哲译：《自由与文化》，九龙：人生出版社，1954年版。

傅统先译:《自由与文化》,北京:商务印书馆,1964年版。

14.Problems of Men,1946年版。

傅统先、邱春译:《人的问题》,上海:上海人民出版社,1965年版。

15.单中惠,王凤玉主编:《杜威在华教育演讲》,北京:教育科学出版社,

2007年版。